Kennst du die?

Wissenschaftler, Künstler, Politiker und Visionäre
und wer noch die Welt verändert hat

Manfred Mai

Kennst du die?

Wissenschaftler, Künstler, Politiker und Visionäre

und wer noch
die Welt verändert hat

Band 2

Mit Bildern von Dieter Wiesmüller

TULIPAN VERLAG

Inhalt

Albert Einstein
(1879–1955)
Seite 79

Alexander Fleming
(1881–1955)
Seite 83

Pablo Picasso
(1881–1973)
Seite 87

Franz Kafka
(1883–1924)
Seite 91

Coco Chanel
(1883–1971)
Seite 95

Le Corbusier
(1887–1965)
Seite 99

Mao Zedong
(1893–1976)
Seite 103

Bertolt Brecht
(1898–1956)
Seite 107

Walt Disney
(1901–1966)
Seite 111

Worterklärungen Seite 218

Begriffe, die im Text kursiv gesetzt sind, werden am Ende erklärt. Wird innerhalb der einzelnen Biografien Bezug auf eine ebenfalls in diesem Buch vorgestellte Person genommen, ist deren Name fett hervorgehoben.

Vorwort

Es gab in den vergangenen 2500 Jahren so viele bedeutende Menschen, dass ihre Lebensgeschichten nicht alle in ein Buch passen würden. Auch nachdem wir uns entschlossen haben, zwei Bände zu machen, war nicht genügend Platz. Die schwierigste Frage bei der Vorbereitung dieses Werkes war also: Wer muss dabei sein? Irgendwann hatte ich eine Liste mit knapp 300 Persönlichkeiten. Aber es durften eben insgesamt nur 100 sein. Deswegen musste ich Namen um Namen streichen.

Bei manchen war ich lange Zeit hin und her gerissen, habe sie erst weg-, dann wieder dazugenommen und während der Recherche endgültig gestrichen. Von anderen habe ich erzählt, die fertigen Texte aber dann doch nicht aufgenommen. Zu ihnen gehört der Prophet Mohammed. Und das hat einen besonderen Grund: Das Konzept des Werkes sah vor, dass der Künstler Dieter Wiesmüller die 100 Menschen im Porträt darstellt. Weil der Prophet Mohammed nicht bildlich dargestellt werden darf, wir aber nicht »eine« Ausnahme machen wollten, mussten wir leider auf ihn verzichten – obwohl man ihn und seine Botschaft wirklich kennen sollte.

Das entscheidende Kriterium für die Aufnahme in das Werk war, dass ein Mensch etwas zum ersten Mal gedacht, gemacht oder geschaffen hat. Dass manche das ohne die Leistungen anderer nicht geschafft hätten, ist keine Frage. So konnte zum Beispiel Neil Armstrong nur als erster Mensch den Mond betreten, weil viele Wissenschaftler und Techniker dafür jahrelang »Vorarbeiten« geleistet hatten. Aber er war eben der erste Mensch auf dem Mond, deswegen wird von ihm erzählt.

Ich wünsche allen Leserinnen und Lesern, dass sie an seiner Geschichte und an den Geschichten der 99 anderen Menschen viel Freude haben – und alle am liebsten noch besser kennenlernen möchten.

Manfred Mai, im April 2014

Wilhelm Conrad Röntgen

(1845–1923)

Jeden Tag verletzen sich Menschen. In der Schule, bei der Arbeit und in der Freizeit. Bei manchen Verletzungen ist von außen nicht eindeutig festzustellen, wie schwer sie sind.

»Das müssen wir röntgen«, heißt es dann.

Mithilfe des Röntgens können Ärzte sozusagen in den Körper hineinschauen und die Art der Verletzung erkennen – ohne ihn vorher aufzuschneiden. Das ist aber erst seit etwas mehr als 100 Jahren möglich und dem Physiker Wilhelm Conrad Röntgen zu verdanken.

Er war das einzige Kind einer wohlhabenden Familie, die in Lennep (das heute zu Remscheid gehört) eine Textilfabrik besaß. Als es 1848 in Deutschland zu Unruhen und revolutionären Aufständen kam, zogen die Röntgens in die Niederlande, wo die Mutter herstammte. Dort besuchte Wilhelm die Schule, bis er 17 war. Dann warf man ihm vor, auf einer Zeichnung seinen Klassenlehrer lächerlich dargestellt zu haben. Deshalb wurde er von der Schule verwiesen, hatte kein Abitur und konnte nicht studieren. Doch genau das wollten seine Eltern unbedingt und sie fanden eine Möglichkeit: In der wenige Jahre zuvor gegründeten »Eidgenössischen Technischen Hochschule Zürich« entschied nicht ein Abiturzeugnis, ob jemand studieren durfte, sondern eine Aufnahmeprüfung. Röntgen wurde zugelassen, entschied sich für Maschinenbau und machte ein glänzendes Examen. Anschließend studierte er noch Physik und erhielt am 22. Juni 1869 seinen Doktortitel.

Er kehrte zurück nach Deutschland, zunächst an die Universität in Würzburg, wo er als Assistent eines Professors arbeitete. Röntgen wollte möglichst schnell selbst Professor werden, was er aber in Deutschland nicht konnte, weil er kein Abitur hatte. Deswegen wechselte er an die Universität Straßburg, wo er Professor werden konnte und es auch wurde. Nach Stationen an weiteren Universitäten erhielt er 1888 an der Universität in Würzburg endlich einen Lehrstuhl für Physik.

Sieben Jahre lang forschte und experimentierte Röntgen, ohne dabei etwas Weltbewegendes zu entdecken. Das änderte sich durch einen Zufall am 8. November 1895. An diesem Tag machte er Versuche mit einer *Kathodenstrahlröhre*. Dabei bemerkte er, dass ein beschichtetes Stück Papier, das auf einem Tisch lag und mit dem Versuch nichts zu tun hatte, plötzlich leuchtete (fluoreszierte). Er war verblüfft und suchte nach einer Erklärung. Es musste etwas mit den Strahlen in der Glasröhre zu tun haben. Er deckte die Röhre mit schwarzer Pappe ab, verdunkelte den Raum und wiederholte den Versuch – wieder leuchtete das beschichtete Stück Papier; ebenso bei weiteren Versuchen mit dickem Karton, Holz und Blech. Zuerst behielt Röntgen seine Entdeckung für sich, weil er befürchtete, die Leute würden ihn für verrückt halten. Wochenlang experimentierte er weiter und durchleuchtete am 22. Dezember die Hand seiner Frau. Das war die erste Röntgenaufnahme der Welt.

Röntgen nannte die Strahlen, die das ermöglichten, X-Strahlen. Diese beschrieb er in der Abhandlung »Über eine neue Art von Strahlen«. Schnell wurde klar, welche Bedeutung Röntgens Arbeit für die Wissenschaft, vor allem für die Medizin haben würde. Das Wort »Zauberstrahlen« machte die Runde. Aber es dauerte nicht lange, bis die Strahlen nach ihrem Entdecker benannt wurden: Röntgenstrahlen.

Wilhelm Conrad Röntgen verzichtete darauf, seine Entdeckung beim Patentamt anzumelden, um damit Geld zu verdienen; seine Strahlen sollten möglichst schnell zum Wohl der Menschen eingesetzt werden.

1901 wurde er als Erster mit dem Nobelpreis für Physik ausgezeichnet. Das Preisgeld stiftete er der Universität Würzburg.

Thomas Alva Edison

(1847–1931)

Thomas Alva Edison gilt als der größte Erfinder aller Zeiten. Wenn man Leute fragt, was er denn alles erfunden habe, fällt den meisten zuerst die Glühbirne ein. Doch gerade die hat er genau genommen nicht erfunden, sondern bereits vorhandene Modelle »nur« so weit verbessert, dass seine Glühbirne viel länger brannte und billig herzustellen war. Erst dadurch konnte sie zum Massenprodukt werden und die Nacht zum Tag machen. Aber auch ohne die Glühbirne hält Edison den Weltrekord an Erfindungen: Rund 2000 hat er in seinem Leben gemacht und davon 1093 als Patent angemeldet. Und das alles, obwohl er nur kurze Zeit eine Schule besuchte.

Thomas Alva Edison wurde am 11. Februar 1847 als siebtes Kind von Samuel Edison und seiner Frau Nancy in Milan (Ohio) geboren. Als sein Vater seinen gesamten Besitz verlor, zog die Familie 1855 nach Port Huron (Michigan) um. Hier ging Thomas in die Schule, allerdings nur für ein paar Monate. Sein Lehrer nannte ihn einen »Hohlkopf«, der nichts kapiere. Dabei hörte der Junge so schlecht, dass er vom Unterricht wenig mitbekam. Seine Eltern nahmen ihn von der Schule, und die Mutter, eine ausgebildete Lehrerin, unterrichtete ihren Sohn zu Hause. Am meisten Freude machte ihm das Lesen.

Schon als Zwölfjähriger musste Thomas mithelfen, Geld zu verdienen. In einer Eisenbahn, die von Port Huron nach Detroit und wieder zurück fuhr, verkaufte er Zeitungen, Süßigkeiten und Erfrischungen an Reisende. Die langen Haltezeiten des Zuges in Detroit nutzte er und ging in die dortige Bibliothek, wo er vor allem naturwissenschaftlich-technische Bücher las. Von dem verdienten Geld durfte er einen Teil für sich behalten. Davon richtete er sich ein Labor ein, in dem er eifrig experimentierte.

Eines Tages sah Thomas einen kleinen Jungen auf den Bahngleisen spielen – und einen Güterwagen heranrollen! Thomas reagierte blitzschnell, zog den Jungen von den Gleisen und rettete ihm so das Leben. Der Vater des Jungen arbeitete als Telegrafist bei der Eisenbahn und brachte Thomas aus Dankbarkeit das Telegrafieren bei. Er verschaffte ihm auch eine Stelle als Telegrafist, ebenfalls bei der Eisenbahn. Dort arbeitete Thomas fünf Jahre – und machte dabei seine erste Erfindung. Zur Kontrolle seiner Anwesenheit musste er an die Zentrale jede halbe Stunde das Morsezeichen für »6« durchgeben. Er bastelte einen Apparat, der das pünktlich für ihn besorgte. So konnte er lesen oder auch mal ein Nickerchen machen. Bei einer überraschenden Kontrolle fand man ihn schlafend und feuerte ihn.

Das war 1868. Noch im gleichen Jahr meldete er zum ersten Mal eine Erfindung beim Patentamt an: einen elektrischen Stimmenzähler zur Beschleunigung von Abstimmungen. Doch die Abgeordneten wollten ihn nicht, also gab es keine Nachfrage. Das war für Edison eine wichtige Lehre. Fortan überlegte er sich bei seiner Arbeit, wofür es Nachfrage geben könnte. Das war bereits bei seiner nächsten Erfindung der Fall: Edison hatte ein Gerät entwickelt, mit dem die Aktienkurse an der Börse laufend aktualisiert werden konnten, den sogenannten Börsenticker. Eine Firma bot ihm viel Geld für das Patent. Auch seine nächsten Erfindungen brachten ihm Geld ein, und so konnte er 1876 ein großes Labor einrichten, den Menlo Park, und Mitarbeiter einstellen.

Hier hatte Edison auch die Idee für einen Apparat, der Worte speichern kann. Einige Monate tüftelten und experimentierten er und sein Mitarbeiter an einer »Sprechmaschine« herum. Heraus kam eine Walze mit Metallfolie, in die eine Nadel die Schallschwingungen drückte, der Phonograph. Beim ersten Versuch sang Edison das Kinderlied: »Mary had a little lamb …« Alle waren sehr gespannt, ob der Versuch gelungen war. Edison setzte die Nadel am Beginn der eingedrückten Spur auf die Metallfolie, drehte die Walze – und hörte als erster Mensch seine eigene Stimme.

Bald nannten die Leute ihn ehrfurchtsvoll den »Zauberer vom Menlo Park«. Als er am 18. Oktober 1931 starb, bat der amerikanische Präsident seine Landsleute, zu Ehren von Edison die elektrischen Lampen auszuschalten.

Otto Lilienthal

(1848–1896)

Fliegen können wie ein Vogel, wer möchte das nicht? Davon haben schon unsere frühen Vorfahren geträumt. Und immer wieder gab es Menschen, die nicht nur geträumt, sondern daran gearbeitet haben, den Traum Wirklichkeit werden zu lassen.

Einer von ihnen war Leonardo da Vinci, ein anderer der längst vergessene Albrecht Ludwig Berblinger (1770–1829). Der »Schneider von Ulm«, wie er genannt wurde, hatte jahrelang Vögel, vor allem Eulen beobachtet, viele Aufzeichnungen gemacht und ein Fluggerät entwickelt, das schon Ähnlichkeit mit den heutigen Drachenfliegern aufwies. Seinen ersten Flug wollte er vom Ulmer Münster herab wagen, doch das erlaubte der Bürgermeister nicht. Stattdessen sollte er über die Donau fliegen. Weil dort völlig andere Windverhältnisse herrschten, landete er im Wasser, wurde ausgelacht und als Spinner verspottet. Viele Jahre später baute jemand sein Fluggerät nach und bewies, dass es flugfähig war.

Berblinger war längst gestorben, als in Anklam, im heutigen Mecklenburg-Vorpommern, Otto Lilienthal geboren wurde. Als er zwölf Jahre alt war, wollten seine Eltern mit den drei Kindern nach Amerika auswandern. Doch kurz vor der Abreise starb der Vater völlig überraschend und die Mutter blieb mit den Kindern in Anklam. Sie tat alles dafür, ihnen eine gute Schul- und Ausbildung zu ermöglichen.

Nach der Schule arbeitete Otto in einer Maschinenfabrik und studierte anschließend drei Jahre lang Maschinenbau an der Gewerbeakademie Berlin. Schon in dieser Zeit beschäftigte er sich mit der Technik des Fliegens. Wie viele vor ihm hatte er – gemeinsam mit seinem Bruder Gustav – immer wieder Vögel beobachtet, ganz besonders Störche. Aber anders als andere taten die Lilienthal-Brüder das genauer und sie werteten ihre Beobachtungen wissenschaftlich aus. Dann führten sie Experimente durch, um zu messen, wie viel Gewicht durch Flügelschläge angehoben werden konnte. Ihre Erkenntnisse fasste Otto Lilienthal 1889 in dem Buch »Der Vogelflug als Grundlage der Fliegekunst« zusammen. Darin begründete er, dass Menschen nicht mit Muskelkraft abheben und fliegen können, dafür seien sie einfach zu schwer. Wenn der Mensch fliegen wolle, brauche er einen Flugapparat; in dem müsse er sich, so gut es gehe, »verstecken«, damit er das Fliegen nicht störe.

So einen Apparat wollte Lilienthal bauen. Nach zwei Jahren und einigen Fehlversuchen fand er im Frühjahr 1891 einen geeigneten Flugplatz in der Nähe des Städtchens Derwitz. Von einem Hügel aus startete er mit seinem »Derwitzer Apparat« und flog 25 Meter weit. Deswegen gilt 1891 als das Jahr, in dem zum ersten Mal ein Mensch mit einem Flugzeug flog. Doch Lilienthal gab sich damit nicht zufrieden; er verbesserte seinen Apparat und flog noch weiter. Insgesamt konstruierte er etwa 30 Fluggeräte, mit denen er über 2000 Flugversuche unternahm. Bei vielen landete er ziemlich unsanft auf dem Boden, sodass er häufig an Beinen und Armen verletzt war. Trotzdem machte er weiter. Mit den immer besseren Fluggeräten schaffte er es schließlich, bis zu 300 Meter weit zu fliegen. Das war eine Sensation! Die Presse im In- und Ausland berichtete über den ersten fliegenden Menschen, natürlich mit beeindruckenden Fotos.

Lilienthal war aber nicht nur ein mutiger Flieger, sondern auch ein tüchtiger Geschäftsmann. Er hatte eine Fabrik gegründet, in der er unter anderem Fluggeräte herstellte. Einen Hängegleitflieger nannte er »Normalsegelapparat«. Der war das erste Fluggerät, das in Serie hergestellt und verkauft wurde. Neben der Betriebsanleitung bekam jeder Käufer ein Papier, auf dem vor den Gefahren des Fliegens gewarnt wurde. Zum Schluss hieß es: »Also bedenken Sie, dass Sie nur ein Genick zum Zerbrechen haben.« Lilienthal tüftelte auch schon an einem Flügelschlagapparat, den ein Motor antreiben sollte; doch den konnte er nicht mehr verwirklichen: Am 9. August 1896 stürzte er mit seinem Normalsegelapparat ab und verletzte sich so schwer, dass er am nächsten Tag starb.

Vincent van Gogh

(1853–1890)

In den Augen seiner Mitmenschen war Vincent van Gogh ein Versager. Was er auch anpackte, nichts gelang ihm.

Nach der Schule machte er eine Ausbildung in der Kunsthandlung eines Onkels. Als dieser starb, wurde Vincent vom Nachfolger entlassen, weil er sich geweigert hatte, den Leuten Bilder anzupreisen, die er nicht gut fand. Vincent blieb in London und arbeitete in einem Armenviertel als Hilfslehrer. Dabei lernte er die Not der Arbeiter kennen und war entsetzt, unter welch unmenschlichen Bedingungen sie leben mussten. Er half, wo er nur konnte, arbeitete bis zur völligen Erschöpfung, wurde krank und wieder entlassen. Ende des Jahres 1876 kehrte er zu seinen Eltern nach Holland zurück. Sein Vater ließ ihn die Enttäuschung über das erneute Versagen spüren. Er drängte Vincent, endlich einen ordentlichen Beruf zu ergreifen und der Familie keine Schande mehr zu machen. Vincent hatte nicht die Kraft, Widerstand zu leisten, und arbeitete einige Monate in einer Buchhandlung. Aber sein sehnlichster Wunsch war inzwischen, Pfarrer zu werden, um das Wort Gottes zu verbreiten. Er wollte Theologie studieren, bemühte sich, »strengte sich an wie ein Hund, der einen Knochen abnagt«, aber vergeblich. Nach einem Jahr gab er auf. »Muss man denn so viel wissen, um den Menschen das Wort

Gottes zu vermitteln?«, fragte er seinen Bruder Theo in einem Brief.

Seine allerletzte Chance sah er in einer Missionsschule in Brüssel. Dort wurden in Schnellkursen *Missionare* für besonders verwahrloste Gebiete ausgebildet. Obwohl ihn die Prüfer für ungeeignet hielten und nicht zum Missionar ernannten, durfte er probeweise als Hilfsprediger im Borinage, dem elendsten Gebiet Belgiens, arbeiten. In dem Steinkohlerevier lebte er bei den Grubenarbeitern. Die Not war noch schlimmer als in London. Die Bergleute verdienten so wenig, dass auch ihre Kinder in den Gruben arbeiten mussten, damit sie überleben konnten. Vincent setzte sich mit aller Kraft für die Leute ein, pflegte die Kranken, verteilte sein bisschen Geld und gab den Ärmsten seine Kleider. Weil Vincent nach Meinung seiner Vorgesetzten »durch sein Aussehen und sein Verhalten das Ansehen der Kirche verletzt«, wurde ihm jede weitere Tätigkeit verboten.

Vincent gab auf. Abgemagert und mutlos irrte er monatelang umher, ohne Ziel, ohne Arbeit, ohne Geld. Er litt darunter, als arbeitsscheuer Spinner zu gelten. In dieser Zeit schrieb er seinem Bruder Theo in einem Brief: »Es gibt den Nichtstuer wider Willen, der innerlich von einem leidenschaftlichen Wunsch nach Tätigkeit verzehrt wird … Ich bin doch zu irgendetwas gut, ich habe eine Daseinsberechtigung. Ich weiß, dass ich ein ganz anderer Mensch sein könnte! Wozu nur könnte ich taugen, wozu könnte ich dienen? Es ist etwas in mir. Was ist es nur?«

Vincent van Gogh war wieder oder immer noch auf der Suche. Nun begann er zu zeichnen und zu malen; nicht mehr gelegentlich wie schon früher, sondern mit der gleichen Hingabe, mit der er zuvor bei den Bergleuten gearbeitet hatte. Dabei ging es ihm vor allem darum, sich selbst besser kennenzulernen; außerdem wollte er die Menschen und Dinge so darstellen, wie er sie sah, wollte der Wahrheit näher kommen. Das konnte er nur, indem er die gültigen Vorstellungen von falsch und richtig, von schön und hässlich überschritt.

Doch die Leute rieten ihm, entweder das Malen richtig zu lernen oder einen anderen Beruf zu wählen. Nur sein Bruder Theo glaubte an ihn und schickte ihm jeden Monat Geld, damit er leben und malen konnte.

In nur zehn Jahren entstanden etwa 850 Gemälde und weit über 1000 Zeichnungen. Zu seinen Lebzeiten konnte van Gogh nur ein einziges Bild verkaufen. Es dauerte lange, bis die Leute erkannten, dass er ein Genie war. 100 Jahre nach seinem Tod explodierten die Preise für seine Bilder. 1987 wurden die »Fünfzehn Sonnenblumen in einer Vase« für 39,9 Millionen Dollar ersteigert. Damit war es das teuerste Bild der Welt. Für andere Bilder von ihm wurden später noch viel höhere Summen bezahlt.

Gestorben ist Vincent van Gogh schon mit 37 Jahren. Weil er krank war und es in dieser Welt nicht mehr aushielt, schoss er sich eine Kugel in die Brust.

Sigmund Freud

(1856–1939)

»Träume sind Schäume«, lautet eine bekannte Redensart. Sie will sagen, dass Träume nichts bedeuten und zerplatzen wie Seifenblasen.

Allerdings haben die Menschen den Träumen immer auch eine besondere Bedeutung zugeschrieben. Schon im Altertum gab es Männer und Frauen, die Träume deuteten und daraus die Zukunft voraussagten. Das funktionierte natürlich nicht; aus Träumen kann man viel herauslesen, aber sicher nicht die Zukunft.

Mit der Bedeutung von Träumen beschäftigte sich auch der Wiener Arzt Sigmund Freud. Er interessierte sich besonders für das Innenleben des Menschen. Damit meinte er nicht Organe wie Herz, Lunge, Leber, Magen und so weiter, sondern das Gehirn und – was noch schwieriger zu fassen ist – die Seele, die man modern Psyche nennt. Warum verhalten sich Menschen so oder so? Warum tun sie Dinge, die niemand von ihnen erwartet hätte? Warum werden Menschen krank, ohne dass es dafür eine äußerlich erkennbare Ursache gibt? Solche und ähnliche Fragen stellte Freud. Weil er mit den herkömmlichen Methoden keine befriedigenden Antworten fand, suchte er nach neuen Möglichkeiten, um an die Ursachen heranzukommen. Eine Möglichkeit sah er in der Deutung von Träumen. Im Jahr

1900 veröffentlichte er das Buch »Die Traumdeutung«, das zu den meistgelesenen und einflussreichsten Büchern des 20. Jahrhunderts gehört. Darin formulierte Freud zum ersten Mal die Grundgedanken der »Psychoanalyse«. Das ist eine Methode zur Behandlung psychischer Erkrankungen. Freud ging davon aus, dass der Mensch im Traum Erlebnisse verarbeitet sowie unterdrückte und verdrängte Wünsche, Bedürfnisse und Fantasien auslebt. Er ging weiter davon aus, dass die oft wirren Träume entschlüsselt werden müssen, um zu erkennen, was sie wirklich bedeuten. Dazu ließ er seine Patienten in der sogenannten »freien Assoziation« alles erzählen, was ihnen zu bestimmten Wörtern oder Bildern und darüber hinaus einfiel. Meistens kamen dabei verdrängte Erlebnisse und Wünsche wieder zum Vorschein, die zum Teil weit zurücklagen. Die Patienten unternahmen sozusagen eine Reise in ihre unbewussten Bereiche. Bei diesen Reisen erkannte Freud, dass psychische Erkrankungen, wie zum Beispiel Angstzustände, ihre Ursache oft in der frühkindlichen Phase haben. Indem diese ausgesprochen und bewusst gemacht werden, können die Patienten sich von ihnen befreien und damit geheilt werden.

Wie alle neuen Theorien wurde auch die von Freud anfangs heftig kritisiert. Doch er ließ sich nicht beirren und entwickelte sie ständig weiter. 1923 fasste er seine Erkenntnisse in dem Buch »Das Ich und das Es« zusammen. Darin schuf er das berühmt gewordene Modell der menschlichen Psyche. Für Freud besteht sie aus dem »Es«, dem »Ich« und dem »Über-Ich«. Das »Es« steht für die Triebe und Urbedürfnisse. Einem Baby geht es ausschließlich darum, Nahrung zu bekommen, berührt zu werden und zu schlafen. Später umfasst das »Es« aber auch unbewusste Wünsche und Gefühle wie Eifersucht, Neid, Liebe und Hass.

Wenn die Kinder heranwachsen, wird ihnen gesagt, was sie tun dürfen und was nicht, was richtig ist und was falsch. Aus diesen anerzogenen Richtlinien bildet sich das »Über-Ich«.

Zwischen dem »Es« und dem »Über-Ich« kommt es nach Freud ständig zu Konflikten. Dann tritt das »Ich« wie ein Vermittler auf und kontrolliert das tatsächliche Handeln.

Dazu ein Beispiel: Ein Junge sieht ein Mädchen, das ihm sehr gefällt. Sein »Es« sagt: »Geh hin und küsse sie!« Sein »Über-Ich« sagt: »Man küsst nicht einfach ein Mädchen, das man nicht kennt.« Sein »Ich« sagt: »Ich geh mal zu ihr rüber und spreche sie an.« Das »Ich« sorgt also dafür, dass der Junge seinen Trieb nicht sofort auslebt, sondern erst einmal aufschiebt. Wenn es zu einer Verabredung kommt und mit dem Küssen doch noch klappt, sind »Es«, »Über-Ich« und »Ich« zufrieden. Für die Psyche ist das wunderbar. Wenn es nicht klappt und wenn dem »Ich« auch in anderen Fällen keine Vermittlung zwischen dem »Es« und dem »Über-Ich« gelingt, bekommt der Junge möglicherweise psychische Probleme.

Bei aller Kritik an Teilen seiner Theorien bestreitet heute niemand mehr, dass Sigmund Freud das Bild vom Menschen revolutioniert hat.

Theodor Herzl

(1860–1904)

Die Geschichte des jüdischen Volkes ist alt, sehr alt. Nach der Bibel beginnt sie mit einem Mann namens Abraham. Er hörte eines Tages Gottes Stimme: »Zieh in ein Land, das ich dir zeigen werde! Ich will dir viele Nachkommen schenken und dich zum Vater eines mächtigen Volkes machen.«

Obwohl Abraham schon 75 Jahre alt war, befolgte er den Auftrag Gottes. Er ließ seine Viehherden zusammentreiben und versammelte seine Knechte und Mägde um sich. Dann machte er sich an der Seite seiner Frau Sara auf den Weg, den ihm Gott wies. Nach einer langen und beschwerlichen Reise kamen sie nach Kanaan, das heute Israel heißt. Da sprach Gott zu Abraham: »Dieses Land will ich dir und deinen Nachkommen geben.«

Später wurden die Juden aus verschiedenen Gründen in viele andere Länder verstreut, in die sogenannte »Diaspora«, wo sie als Minderheiten lebten. Seit dem Mittelalter kam es immer wieder zu Ausschreitungen gegen Juden, zu Verfolgungen und Mord. Diese Judenfeindlichkeit nennt man Antisemitismus.

Den erlebte auch Theodor Herzl, der Sohn einer jüdischen Familie, während seiner Kindheit und Jugend in Österreich. Nach der Schule studierte er in Wien Jura, obwohl er schon als Junge Schriftsteller werden wollte. Neben seiner Arbeit als

Jurist schrieb er Theaterstücke und den Text für eine Operette. 1891 bekam er das Angebot der angesehenen Wiener Zeitung »Neue Freie Presse«, als Journalist für sie aus Paris zu berichten. Weil Journalist seinem Traumberuf sehr viel näher kam, nahm Herzl die Stelle an. Er zog mit seiner jungen Frau nach Paris – und wurde auch dort Zeuge von Antisemitismus.

Nun beschäftigte er sich intensiver als zuvor mit der Geschichte der Juden und kam zu dem Schluss, dass es an der Zeit sei, etwas zu tun. Herzl begann seine Gedanken aufzuschreiben und veröffentlichte sie 1896 in dem Buch »Der Judenstaat. Versuch einer modernen Lösung der Judenfrage«.

Darin heißt es unter anderem: »Die Notlage der Juden wird niemand leugnen. In allen Ländern, wo sie in merklicher Anzahl leben, werden sie mehr oder weniger verfolgt. Die Gleichberechtigung ist zu ihren Ungunsten fast überall tatsächlich aufgehoben, wenn sie im Gesetze auch existiert. Schon die mittelhohen Stellen im Heer, in öffentlichen und privaten Ämtern sind ihnen unzugänglich. Man versucht sie aus dem Geschäftsverkehr hinauszudrängen: ›Kauft nicht bei Juden!‹ … Tatsache ist, dass es überall auf dasselbe hinausgeht, und es lässt sich im klassischen Berliner Rufe zusammenfassen: Juden raus!«

Selbst wenn Juden bereit seien, sich in den verschiedenen Ländern einzugliedern, würden sie immer noch als andersartige Fremde angesehen und angefeindet. Um in Frieden leben zu können, bräuchten die Juden deshalb einen eigenen Staat, meinte Herzl. »Wenn es den Juden unmöglich gemacht wird, sich innerhalb anderer Nationen zu verwirklichen, so müssen sie die Errichtung eines eigenen Nationalstaates anstreben, um gleich unter Gleichen zu sein.«

Dass der Judenstaat nicht mit kriegerischen Mitteln, sondern auf friedlichem Weg entstehen musste, war für Herzl selbstverständlich. In dem Buch schilderte er den Weg dorthin und wie dieser Staat aussehen sollte.

Herzl beließ es aber nicht bei dem Buch. Schon ein Jahr später organisierte er den »1. *Zionistischen* Weltkongress« in Basel. Die 200 Delegierten aus 16 Ländern wählten Herzl zum Präsidenten, der damit zum politischen Führer der Juden wurde. Der Kongress forderte »... die Schaffung einer öffentlich und gesetzlich gesicherten Heimat für das jüdische Volk in Palästina«.

Obwohl Theodor Herzl herzkrank war und heftig angefeindet wurde, arbeitete er wie besessen an der Verwirklichung seiner Idee. Weil er schon mit 44 Jahren starb, erlebte er die Gründung des Staates Israel im Jahr 1948 nicht mehr mit. Aber er hat den Grundstein dazu gelegt.

Henry Ford

(1863–1947)

»Wer immer tut, was er schon kann, bleibt immer das, was er schon ist.«

»Denken ist die schwerste Arbeit, die es gibt. Das ist wahrscheinlich auch der Grund, warum sich so wenig Leute damit beschäftigen.«

»Wenn ich die Menschen gefragt hätte, was sie wollen, hätten sie gesagt: schnellere Pferde.«

»50 Prozent bei der Werbung sind immer rausgeworfen. Man weiß aber nicht, welche Hälfte das ist.«

»Es ist nicht der Unternehmer, der die Löhne zahlt – er übergibt nur das Geld. Es ist das Produkt, das die Löhne zahlt.«

Diese fünf Aussagen stammen von Henry Ford. Sie können als eine Zusammenfassung seines Denkens und Handelns betrachtet werden. Der kreative Amerikaner hat das Auto zwar nicht erfunden, es aber zu einem Massenprodukt gemacht und damit die Welt verändert.

Als Junge vom Land konnte er nur die Dorfschule besuchen und musste schon früh auf der elterlichen Farm mithelfen. Seine freie Zeit verbrachte er am liebsten in einer kleinen Werkstatt. »Meine Spielsachen waren Werkzeuge – wie auch heute noch. Jeder Bruchteil einer Maschine war für mich ein Schatz«, schrieb er später. Er reparierte auch kaputte Maschinen, dachte viel über Verbesserungen nach und baute im Alter von 15 Jahren einen funktionierenden Motor. Weil er mehr lernen wollte, ging er mit 16 nach Detroit und begann eine Lehre als Maschinenschlosser. Anschließend arbeitete er in verschiedenen Firmen, ab 1891 als Ingenieur bei dem weltberühmten Erfinder **Thomas Alva Edison.** Inspiriert von den neuen Erfindungen aus Europa, wie dem Automobil von Carl Benz, konstruierte Ford 1896 einen Benzinmotor, baute ein Fahrgestell und machte vier Fahrradreifen dran: Fertig war sein erstes »Auto«. Und Autos wollte er bauen, auch wenn die Leute damals noch lieber mit Pferdekutschen fuhren.

Er verbesserte sein Modell so weit, dass er überzeugt war, mithilfe guter Werbung viele Käufer dafür zu finden. Dann machte er sich auf die Suche nach Geldgebern, um mit der Produktion beginnen zu können. Doch es gab immer Schwierigkeiten, sodass die Firmen jeweils wieder aufgelöst werden mussten.

Ford überlegte, wie er sein Auto und seinen Namen bekannter machen könnte – und hatte eine Idee! Er nahm an Rennen gegen andere Autohersteller teil und gewann mehrmals. Das war die beste Werbung für sein Auto.

Angespornt durch die Erfolge gründete er 1903 die »Ford Motor Company«. Hier wurde ab 1908 das »Modell T« produziert. Obwohl es einfach gebaut war, konnten es sich die Arbeiter nicht leisten. Aber genau das war Fords Ziel: ein Auto für alle zu bauen. Dazu mussten die Produktionskosten um die Hälfte gesenkt werden. Doch das schien unmöglich.

Eines Tages besuchte Ford einen Schlachthof. Dort sah er, dass die geschlachteten Tiere von mehreren Metzgern zerlegt wurden, wobei jeder nur bestimmte Handgriffe vornahm und die bei jedem Tier. Das brachte Ford auf die Idee, auch Autos auf diese Weise herzustellen. Er ließ eine Halle bauen, in der die Autos auf einem fahrenden Band in einzelnen Arbeitsschritten zusammengebaut wurden. Dabei erledigte jeder Arbeiter nur wenige Handgriffe, und die immer wieder. Durch diese Fertigung am Fließband wurden die Kosten deutlich geringer. Zuvor lag der Preis für ein »Modell T« bei 850 Dollar, nach der Einführung des Fließbandes bei 350 Dollar. Nun konnten sich auch Arbeiter ein »Modell T« kaufen. Damit begann der Siegeszug dieses Autos. Schon im Jahr 1918 war jedes zweite Auto in Amerika ein Ford Modell T, das im Volksmund liebevoll »Tin Lizzy« (»Blechliesel«) genannt wurde. Bis 1927 verkaufte Ford über 15 Millionen Stück davon. Dann wurde die Produktion eingestellt, doch es dauerte 45 Jahre, bis ein anderes Auto den Verkaufsrekord brechen konnte: Das gelang Volkswagen 1972 mit dem VW »Käfer«.

Mit der Einführung der Fließbandproduktion hat Henry Ford das Auto für alle geschaffen. Bis heute ist es das wichtigste Verkehrsmittel weltweit.

Wilbur und Orville Wright

(1867–1912 und 1871–1948)

Kinder bekommen zu verschiedenen Anlässen Geschenke. Wenn es sich um Spielsachen handelt, werden sie meistens gleich ausprobiert. Viele landen bald in einer Kiste und werden vergessen, mit einigen spielen die Kinder auch noch nach Wochen und Monaten.

Vor etwa 130 Jahren bekamen zwei Jungen im amerikanischen Städtchen Dayton von ihrem Vater ein Geschenk, das weitreichende Folgen hatte: einen sogenannten Helicoptere. Das war ein kleiner Schraubenflieger, der mithilfe eines gummigetriebenen Propellers fliegen konnte. Die Jungen hießen Wilbur und Orville. Der Helicoptere wurde ihr Lieblingsspielzeug – bis er kaputtging. Zuerst waren die beiden traurig, doch dann versuchten sie, ihn zu reparieren. Weil das nicht gelang, sie aber wieder so ein tolles Spielzeug haben wollten, bauten sie den Helicoptere einfach nach. Es war das erste Fluggerät, das die Brüder Wright gebaut haben, aber nicht das letzte. Mit dem Helicoptere hatte der Vater ihr lebenslanges Interesse an der Fliegerei geweckt – und das, obwohl er später schrieb: »Hätte Gott gewollt, dass die Menschen fliegen, er hätte ihnen Flügel gegeben.«

Weil die Eltern in finanzielle Schwierigkeiten gerieten, konnten ihre Kinder keine höhere Schule besuchen und nicht studieren.

Wilbur und Orville hatten noch fünf Geschwister, doch die beiden machten von klein auf mehr miteinander als mit den anderen. Und als junge Erwachsene gründeten sie gemeinsam ihren ersten Betrieb, eine Druckerei. Sie druckten Lokalzeitungen, Kirchenblätter und Kataloge. Die meisten Arbeiten machten sie selbst, damit sie möglichst wenig Kosten hatten und möglichst viel verdienten. Weil das nicht so funktionierte, wie sie es sich gedacht hatten, sattelten sie um und eröffneten 1890 ein Fahrradgeschäft. Sie verkauften und reparierten nicht nur Fahrräder, sie konstruierten auch neue Modelle. Dabei gehörten sie zu den Ersten, die zwei gleich große Räder benutzten, was das Fahren viel einfacher machte als auf Hochrädern. Doch auch in der Zeit, als sie mit Fahrrädern ihr Geld verdienten, beschäftigten sie sich mit der Fliegerei. Sie lasen alles, was sie dazu finden konnten, und erfuhren so auch von **Otto Lilienthal**. Er wurde zu ihrem großen Vorbild. Anfangs bauten sie nach seinen Berechnungen Hängegleitflieger. Dabei erkannten sie die Fehler, die Lilienthal gemacht hatte. Und ihnen wurde klar, warum er abgestürzt war: weil sein Gleiter sich nicht steuern ließ. Also machten sie sich an die Lösung dieses Problems. Dazu bauten sie einen Gleiter, der verstellbare Tragflächen für die Seitenbalance und ein Höhenruder hatte.

Nach mehreren Flugversuchen kamen sie auf die Idee, einen Doppeldecker zu bauen, um den Gleiter stabiler zu machen. Und um den Luftwiderstand zu verringern, durfte der Pilot nicht mehr nach unten hängen, sondern musste waagerecht liegen. Mit den Verbesserungen schafften sie es zwar, über 600 Meter weit zu fliegen, doch ihnen wurde klar, dass der Wind allein ein Fluggerät nicht über längere Strecken tragen konnte. Dazu war mehr Kraft nötig und diese Kraft konnte nur ein Motor liefern. In ihrer Werkstatt konstruierten sie einen mit zwei Propellern, die mit Fahrradketten angetrieben wurden.

Nach insgesamt vierjähriger Arbeit startete Orville Wright am Vormittag des 17. Dezember 1903 zum ersten Flug mit dem »Flyer I«. Er dauerte 12 Sekunden und endete nach 36 Metern. Noch am selben Tag blieb Wilbur Wright 59 Sekunden in der Luft und schaffte 260 Meter. Der »Flyer I« kann heute im »National Air and Space Museum« in Washington besichtigt werden. Er weist bereits alle wesentlichen Merkmale eines Flugzeugs in seiner heutigen Bauweise auf. Die Brüder Wright entwickelten ihr Flugzeug weiter zum »Flyer II« und »Flyer III«, mit dem sie 1904 den ersten Kurvenflug unternahmen. Sie wollten ja nicht nur geradeaus, sondern irgendwohin und wieder zurück fliegen. Am 18. Dezember 1908 schaffte Wilbur Wright 100 Kilometer und landete sicher.

Auch andere Tüftler haben in jener Zeit Flugversuche mit motorisierten Fluggeräten unternommen. Doch niemand war auch nur annähernd so erfolgreich wie die Brüder Wright. Deswegen gelten sie als die Erfinder des Motorflugzeugs und Begründer der modernen Fliegerei.

Marie Curie

(1867–1934)

In der zweiten Hälfte des 19. Jahrhunderts lebte in Warschau die Familie Skłodowski. Der Vater war Lehrer für Mathematik und Physik am Gymnasium, die Mutter war ebenfalls Lehrerin und leitete eine Mädchenschule. Das Ehepaar hatte vier Kinder und am 7. November 1867 wurde das fünfte geboren: Maria. Sie wurde später weltberühmt; aber bis dahin war es ein weiter und sehr beschwerlicher Weg.

Bildung war im Hause Skłodowski sehr wichtig. Und anders als in vielen Familien der damaligen Zeit wurden die vier Mädchen genauso gefördert wie der Junge. Bei Maria fiel schon früh auf, dass sie ein ungewöhnlich gutes Gedächtnis hatte. Von ihrer Schwester Bronia lernte sie bereits mit vier Jahren Lesen. Als sie neun war, erkrankten Bronia und die älteste Schwester Zofia an Typhus. Bronia überlebte, Zofia nicht.

Zwei Jahre später traf die Familie ein weiterer schwerer Schlag: Die Mutter starb an Tuberkulose. Weil der Vater lange trauerte, war er seinen Kindern in dieser Zeit keine große Hilfe; sie mussten sich gegenseitig unterstützen, was zu ihrer frühen Selbstständigkeit beitrug.

Trost fand Maria hauptsächlich im Lesen und Lernen. Sie las, was sie im heimischen Bücherschrank fand, darunter auch physikalische Lehrbücher. Schon mit 15 Jahren machte sie ihr

Abitur – und war dabei Klassenbeste. Mit ihren Leistungen hätte ein Wechsel an eine Universität nahegelegen; aber damals durften Frauen in den meisten europäischen Ländern noch nicht studieren. Außerdem hätte das Geld nicht gereicht, denn der Vater war aus dem Schuldienst entlassen worden.

Um Geld zu verdienen, gab Maria Nachhilfestunden und arbeitete sechs Jahre lang als Erzieherin und Hauslehrerin. Mit einem Teil des Geldes unterstützte sie ihre Schwester Bronia, die in Paris Medizin studierte. Als diese ihr Studium beendet hatte, konnte sie Maria unterstützen, die im Jahr 1891 nach Paris ging, um endlich studieren zu können. Die anfänglichen Probleme mit der Sprache hatte sie bald überwunden und schon nach zwei Jahren schloss sie ihr Physikstudium als Jahrgangsbeste ab. Dafür erhielt sie ein Stipendium und konnte weiterstudieren.

Im April 1894 lernte Marie – wie sie sich inzwischen nannte – den Physiker Pierre Curie kennen. Die beiden verliebten sich und heirateten schon ein Jahr später. Aber Marie gab ihre Arbeit nun nicht auf und wurde Hausfrau, wie das damals üblich war; nein, sie lernte für eine Prüfung, die sie dazu berechtigen würde, an einer höheren Mädchenschule zu unterrichten und ihr eigenes Geld zu verdienen. Nebenher setzte sie ihre physikalischen Studien fort und bereitete ihre Doktorarbeit vor. In dieser Zeit wurde Marie schwanger und brachte am 12. September 1897 ein Mädchen zur Welt. Doch auch als junge Mutter widmete sich Marie Curie mehr der Forschung als der Tochter. Um die kümmerte sich hauptsächlich der französische Großvater.

Maries Physikprofessor Henri Becquerel (1852–1908) hatte entdeckt, dass Uran Strahlen aussendet. Was es mit diesen

Strahlen auf sich hat, wollten die Curies genauer wissen. Marie prägte dafür den Begriff »*Radioaktivität*«. Und sie entdeckten in unzähligen Versuchen zwei weitere chemische Elemente, die noch viel stärker strahlen; eines nannten sie nach Maries Heimat Polen Polonium, das andere Radium.

1903 erhielten Henri Becquerel und die Curies für ihre Forschungen zur Radioaktivität den Nobelpreis in Physik. Damit war Marie Curie die erste Frau mit einem Nobelpreis. Ihr Mann wurde zum Professor an der berühmten Universität Sorbonne in Paris berufen und bekam ein gut ausgestattetes Labor, dessen Leiterin Marie wurde. Im gleichen Jahr brachte sie ihre zweite Tochter zur Welt. Das Glück schien vollkommen. Doch dann wurde Pierre Curie von einem Pferdefuhrwerk überfahren und starb. Marie litt sehr unter dem Verlust. Aber schließlich führte sie die Arbeit, die sie mit ihrem Mann begonnen hatte, weiter. An der Sorbonne wurde sie seine Nachfolgerin und damit als erste Frau in Frankreich Professorin. Für ihre Forschungen wurde sie 1911 mit einem zweiten Nobelpreis geehrt.

1934 starb sie an den Spätfolgen der radioaktiven Strahlung, mit der sie viele Jahre ungeschützt gearbeitet hatte.

Mohandas Karamchand Gandhi

(1869–1948)

Mohandas Karamchand Gandhi, wer ist denn das? So werden viele jetzt fragen. Dabei ist er weltberühmt, allerdings unter dem Namen Mahatma Gandhi. Seit der Mitte des 20. Jahrhunderts gilt er als einer der großen Helden der Weltgeschichte. Dabei war er in seiner Kindheit alles andere als ein Held. »Ich war ein Feigling«, schrieb er im Rückblick auf sein Leben. »Ich wurde geplagt von der Angst vor Dieben, Geistern und Schlangen. Ich traute mich nachts nicht vor die Tür. Dunkelheit war ein Horror für mich. Es war für mich fast unmöglich, im Dunkeln zu schlafen, weil ich mir vorstellte, wie Geister aus der einen Richtung kamen, Diebe aus einer andren und Schlangen aus der dritten.«

Dieser ängstliche Junge wurde schon im Alter von 13 Jahren mit der ebenfalls 13-jährigen Kasturba Makthaji verheiratet, wie es damals in Indien üblich war. Das Kinderehepaar lebte im Haus seiner Eltern und der junge Ehemann besuchte weiter die Schule. Mit 16 bekamen die beiden ihr erstes Kind, das nach wenigen Tagen starb. Im Frühjahr 1888 wurde ihr Sohn Harilal geboren. Trotzdem ging der junge Vater wenig später nach England, um dort Jura zu studieren, weil sein Vater – der inzwischen gestorben war – es so gewollt hatte. Nach bestandenen Prüfungen kehrte Gandhi im Juni 1891 nach Indien zurück, wo er als Rechtsanwalt arbeitete. Er hatte allerdings große Mühe, Fälle zu bekommen; dafür hätte er anderen Anwälten Schmiergelder bezahlen müssen, was er ablehnte.

Nach einer zweijährigen Durststrecke bekam er ein gutes Angebot: Ein Freund der Familie betrieb in Südafrika eine Firma und wollte ihn als Anwalt einstellen. Gandhi nahm die Stelle an und reiste im Frühjahr 1893 nach Südafrika. Während der Zugfahrt von der Hafenstadt Durban nach Pretoria hatte Gandhi ein einschneidendes Erlebnis: Ein Weißer wollte nicht mit einem Inder in einem Abteil der ersten Klasse sitzen und holte den Schaffner. Obwohl Gandhi eine Fahrkarte für die erste Klasse hatte, verlangte der Schaffner von ihm, das Abteil zu verlassen und sich in den Gepäckwagen zu setzen. Als er sich weigerte, warf ihn der Schaffner aus dem Zug. Natürlich wusste Gandhi, dass es solche Verhaltensweisen gab, nicht nur in Südafrika, sondern auch in England, in Indien und in anderen Ländern. Aber nun hatte er es zum ersten Mal am eigenen Leib gespürt. Und er beschloss, etwas dagegen zu tun. Später schrieb er: »Die Belästigungen, die ich persönlich hier zu dulden hatte, waren nur oberflächlicher Art. Sie waren nur ein Symptom der tiefer liegenden Krankheit des Rassenvorurteils. Ich musste, wenn möglich, versuchen diese Krankheit auszurotten und die Leiden auf mich zu nehmen, die daraus entstehen würden.«

Südafrika war zu jener Zeit wie Indien eine britische Kolonie. Und Gandhi war klar, dass er mit Gewalt nichts erreichen würde. Denn Gewalt würde nur neue Gewalt bewirken. Also suchte er nach einem anderen Weg, um mehr Rechte für die unterdrückte indische Minderheit zu »erkämpfen«.

Er schrieb Aufsätze für Zeitungen, hielt Reden, gründete

im August 1894 den »National Indien Congress« als Interessenvertretung für die etwa 60.000 Inder in Südafrika. Von ihnen wurde Gandhi bald bewundert und verehrt. Dagegen betrachtete die britische Verwaltung sein Tun sehr kritisch. Einmal wurde er samt 250 seiner Anhänger zu zwei Monaten Haft und Zwangsarbeit verurteilt.

1914 ging er nach Indien zurück, wo er bereits »Mahatma«, also »große Seele«, genannt wurde. Gandhi organisierte auch dort den passiven Widerstand gegen die britische Kolonialmacht. Er rief seine Landsleute dazu auf, nicht mehr mit den Briten zusammenzuarbeiten und ihre Anordnungen zu boykottieren. Dafür landete er mehrmals im Gefängnis. Aber nichts konnte ihn von seinem Ziel abbringen: ohne Gewalt ein unabhängiges, freies Indien zu schaffen – und er schaffte es! Am 15. August 1947 wurde die Unabhängigkeit Indiens von Großbritannien anerkannt. Wenige Monate später, am 30. Januar 1848, wurde Mahatma Gandhi von einem Landsmann erschossen.

Für viele Menschen auf der ganzen Welt ist der friedliche »Kämpfer« Mahatma Gandhi bis heute ein Vorbild.

Lenin

(1870–1924)

Am Roten Platz in Moskau gibt es ein eigenartiges Gebäude, vor dessen Eingang fast immer eine Menschenschlange steht. Die Wartenden wollen aber nichts kaufen, wie man zuerst meinen könnte, sondern einen Mann sehen, der vor über 90 Jahren gestorben ist. Sehen? Ja, sehen. Der Tote liegt in einem beleuchteten Sarg aus kugelsicherem Glas. Es handelt sich um den Gründer der Sowjetunion, Wladimir Iljitsch Uljanow, genannt Lenin.

Kurz nachdem er gestorben war, hat man ihn einbalsamiert, um ihn der Nachwelt zu erhalten.

Wladimir wurde am 22. April 1870 in Simbirsk an der Wolga geboren. Sein Vater war Schulinspektor, seine Mutter entstammte einer deutschen Arzt- und Gutsbesitzerfamilie. Beide legten großen Wert auf die Bildung ihrer sechs Kinder. Am meisten Freude machte ihnen Wladimir, der das Abitur mit 17 Jahren als Schulbester ablegte. Schon während der Schulzeit hatte er in den Schriften von Karl Marx gelesen, die ihm sein älterer Bruder Alexander gegeben hatte. Der war Mitglied einer Studentengruppe, die gegen die ungerechten Zustände im russischen Zarenreich vorgehen und den *Zar* ermorden wollte. Sie wurden entdeckt, und Wladimir musste miterleben, wie sein Bruder zum Tod verurteilt und hingerichtet wurde. Von da an hasste er den Zar und schwor sich, ihn zu bekämpfen. »Mein Weg ist mir durch meinen älteren Bruder vorgeschrieben worden«, notierte er.

Er begann Jura zu studieren, bekam Schwierigkeiten, weil er an einer Demonstration teilnahm, musste die Universität wechseln und konnte sein Studium in St. Petersburg nur unter großer Mühe abschließen. 1895 gründete er mit Gleichgesinnten den »Kampfbund zur Befreiung der Arbeiterklasse«. Sie druckten und verteilten Flugblätter, in denen sie die Arbeiter zum Streik aufriefen. Dabei wurden sie von der Geheimpolizei erwischt, ins Gefängnis gesperrt und anschließend drei Jahre nach Sibirien verbannt. Dort schrieb er das Buch »Über die Entwicklung des Kapitalismus in Russland«, in dem er die Zustände im Zarenreich darstellte und radikale Veränderungen forderte.

Nach dem Ende der Verbannung verließ er Russland und lebte in verschiedenen westeuropäischen Städten, nun unter dem Decknamen »Lenin«. Er verfasste mehrere Schriften, in denen er schrieb, dass Russland revolutionär umgestaltet werden müsse. Aber anders als Marx meinte Lenin, das Proletariat könne das nicht allein. Dazu sei eine straff organisierte »Kaderpartei« von Berufsrevolutionären notwendig, die das Proletariat führen und im Volk für das richtige Bewusstsein sorgen müssen. Nur diese Partei könne entscheiden, wann der geeignete Zeitpunkt für die Revolution gekommen sei.

Dann kam ihm der Erste Weltkrieg zu Hilfe. Im Februar 1917 wagten kriegsmüde Arbeiter und Soldaten in St. Petersburg den Aufstand, zwangen den Zar zur Abdankung und riefen die *Republik* aus. Doch die neue provisorische Regierung machte weiter wie die alte: Die Lage der Arbeiter und Bauern änderte sich nicht.

In dieser Situation kehrte Lenin nach Russland zurück und forderte in seinen »Aprilthesen« die sofortige Beendigung des Krieges, den Sturz der provisorischen Regierung, alle Macht für die Arbeiter, Bauern und Soldaten, die Enteignung der Großgrundbesitzer und die Aufteilung des Landes unter den Bauern.

Im Oktober sah er den richtigen Zeitpunkt zum Handeln gekommen. »Die Regierung schwankt. Man muss ihr den Rest geben, koste es, was es wolle.« In der Nacht vom 24. zum 25. Oktober 1917 besetzten die »Bolschewiki« – so wurde Lenins Partei genannt – die Regierungsgebäude und riefen die »*Sozialistische* Sowjetrepublik« aus. In den folgenden Kämpfen setzten sich die Bolschewiki gegen ihre Gegner durch und bildeten eine Revolutionsregierung unter Lenins Führung. Die Bolschewiki – die sich ab 1918 »Kommunistische Partei« nannten – verteidigten ihre errungene Macht mit aller Gewalt. Es kam zu einem Bürgerkrieg, der elf Millionen Menschenleben kostete. Am Ende siegte Lenins »Rote Armee«. Im Dezember 1922 wurde die Sowjetunion gegründet, der erste sozialistische Staat der Weltgeschichte.

Maria Montessori

(1870–1952)

Bis vor etwa 100 Jahren wurden Kinder von den meisten Erwachsenen – auch von vielen Pädagogen – noch nicht als eigenständige Persönlichkeiten und vollwertige Menschen betrachtet. Es herrschte die Vorstellung, nur eine sehr strenge Erziehung könne sie dazu machen. Ein Pädagoge der damaligen Zeit schrieb darüber: »Die ersten Jahre haben unter anderem auch den Vorteil, dass man da Gewalt und Zwang brauchen kann. Die Kinder vergessen mit den Jahren alles, was ihnen in der ersten Kindheit begegnet ist. Kann man da den Kindern den Willen nehmen, so erinnern sie sich hiernach niemals mehr, dass sie einen Willen gehabt haben.«

Ziel der Erziehung war also, den Willen der Kinder zu brechen, um sie dann nach den Vorstellungen der Erwachsenen zu formen.

Eine der Ersten, die ganz anders über Kinder und ihre Erziehung dachte, war Maria Montessori.

Sie war das einzige Kind eines gebildeten italienischen Ehepaares. Vater und Mutter förderten Maria, die gern und leicht lernte. Ihr Lieblingsfach in der Schule war Mathematik. Später erzählte sie: »Mit meinen Eltern ging ich oft ins Theater. Ich habe immer ein Mathematikbuch mitgenommen. Wenn das Stück langweilig war, habe ich Rechenaufgaben gelöst.«

Nach der Volksschule besuchte sie eine technisch-naturwissenschaftliche Oberschule – was für ein Mädchen damals sehr ungewöhnlich war. Die Eltern wünschten sich, dass ihre Tochter Lehrerin würde. Doch Maria wollte Ärztin werden. Das war allerdings so gut wie unmöglich. Zwar durften Frauen in Italien seit 1875 studieren, aber im Fach Medizin wollten die Männer sie nicht. Deswegen wurde Marias Antrag abgelehnt. Da begann sie an der Universität Rom zunächst Mathematik, Physik und Biologie zu studieren. Weil sie die Prüfungen erfolgreich ablegte und dank ihrer Beharrlichkeit wurde sie 1892 als erste Frau in Italien zum Medizinstudium zugelassen, das sie vier Jahre später mit Auszeichnung abschloss.

Als junge Assistenzärztin an einer psychiatrischen Klinik in Rom hatte sie es auch mit geistig behinderten Kindern zu tun. Die wurden damals noch eingesperrt, bekamen zu essen und zu trinken, aber sonst kümmerte sich niemand um sie. Man behandelte sie wie wilde Tiere. Das erschütterte Maria Montessori so, dass sie sich vornahm, ihnen zu helfen.

Von da an verlagerte sie ihren Schwerpunkt von der Medizin auf die Pädagogik, speziell auf die Förderung der behinderten Kinder. Sie entwickelte geeignetes Spielzeug, weil sie überzeugt war, dass auch diese Kinder bildungsfähig sind, wenn man sich auf die richtige Art und Weise mit ihnen beschäftigt.

In dieser Zeit brachte sie heimlich ihren unehelichen Sohn Mario zur Welt – und gab ihn in eine Pflegefamilie, weil ein uneheliches Kind damals zur Entlassung geführt hätte. Und ihre eben begonnene Arbeit war für sie so wichtig, dass sie schweren Herzens einige Zeit auf ihr Kind verzichtete. Die Ärztin Maria Montessori begann 1902 zusätzlich ein

Pädagogikstudium, erstellte Lernmaterialien, die sie in einer Modellschule ausprobierte, und hielt Vorträge über die Arbeit mit behinderten Kindern.

1907 wurde ihr die Leitung der »Casa dei Bambini«, eines Kinderhauses im römischen Armenviertel San Lorenzo, angeboten. Sie sagte zu und übertrug ihre Erfahrungen mit behinderten Kindern auf nicht behinderte. Für Maria Montessori war besonders wichtig, dass den Kindern kein Lernstoff vorgegeben wird, den alle miteinander nach der gleichen Methode zu bearbeiten haben. Vielmehr soll jedes Kind selbst bestimmen können, was es wann und wie lernen will. Aufgabe der Lehrer ist es, geeignete Materialien zur Verfügung zu stellen und für die Kinder da zu sein. Die Montessori-Pädagogik orientiert sich an dem Leitsatz: »Hilf mir, es selbst zu tun.«

Dass Maria Montessori in der »Casa dei Bambini« mit ihrer neuen Methode bei vernachlässigten und verwahrlosten Kindern große Lernerfolge erzielte, sprach sich schnell herum. Bald wurden weitere Kinderhäuser gegründet, zuerst in Italien, dann auch in anderen Ländern.

Maria Montessori hat mit ihren Vorstellungen von Kindern, Erziehung und Lernen die moderne Pädagogik maßgeblich beeinflusst.

Roald Amundsen

(1872–1928)

Im Jahr 1911 kam es zu einem der berühmtesten Wettläufe der Geschichte – für fünf Männer endete er mit dem Tod. Sieger wurde der Norweger Roald Amundsen, der schon als Junge davon geträumt hatte, ein berühmter Entdecker zu werden.

Roald war der vierte Sohn eines Kapitäns und seiner Frau. Anders als seine Brüder interessierte er sich sehr für die Geschichten berühmter Seefahrer und Polarforscher. Einer von ihnen war sein Landsmann Fridtjof Nansen (1861–1930), ein anderer der Engländer John Franklin (1786–1847). Weil Roald sich mehr mit ihrem Leben und ihren abenteuerlichen Fahrten beschäftigte als mit dem Lernstoff, wurden seine Leistungen in der Schule immer schlechter. Doch das kümmerte Roald wenig. Er wollte Polarforscher werden, und dafür waren Kenntnisse und Fähigkeiten nötig, die Lehrer ihm nicht vermitteln konnten.

Schon früh versuchte Roald sich abzuhärten. So unternahm er zum Beispiel als 16-Jähriger mit drei Schulkameraden eine mehrtägige Wanderung durch zugeschneites Land, um Erfahrungen zu sammeln. Seiner Mutter – sein Vater war 1886 gestorben – gefiel das gar nicht. Roald sollte Arzt werden, doch für ein Medizinstudium war sein Abitur zu schlecht. Es reichte nur zum Studium der Zoologie. Das begann er an der Universität Kristina, allerdings nur seiner Mutter zuliebe. Als er 21 war, starb sie. Nun gab es niemand mehr, dem zuliebe er etwas tat, was er nicht wollte. »Mit großer Erleichterung verließ ich kurz darauf die Universität, um mich mit ganzer Seele in den Traum meines Lebens zu stürzen«, schrieb er in seiner Biografie.

Zuerst fuhr Amundsen als Matrose zur See und nahm an einer Südpolexpedition teil. Dabei sammelte er so viele Erfahrungen, dass er sich zutraute, bald ein eigenes Polarunternehmen zu starten. Er machte eine Ausbildung zum Kapitän, kaufte das Fischereischiff »Gjøa« und heuerte sechs Mann an.

Ursprünglich plante Amundsen, gleich Richtung Nordpol zu starten, doch dann überlegte er es sich anders. Er wollte als erster Mensch die 5800 Kilometer lange Nordwestpassage zwischen Atlantik und Pazifik durchfahren. Das hatte schon sein Vorbild John Franklin versucht und war dabei mit seiner Mannschaft ums Leben gekommen. Drei Jahre dauerte die gefährliche Expedition; Amundsen und seine Männer verbrachten zwei Winter in der Arktis, erforschten das eisige Land und lernten den Umgang mit Hundeschlitten.

Als sie 1906 nach Norwegen zurückkehrten, wurde Amundsen wie ein Nationalheld gefeiert. Er nützte seine Popularität, um Gelder für sein großes Ziel zu bekommen: als erster Mensch den Nordpol zu erreichen. Dafür stellte ihm Fridtjof Nansen die »Fram« zur Verfügung. Sie war größer, stabiler und besser ausgerüstet als die »Gjøa«.

Während Amundsen die Expedition vorbereitete, wurde im September 1909 die Nachricht verbreitet, die Amerikaner Frederick Cook und Robert Peary hätten unabhängig voneinander den Nordpol erreicht. Niemand wusste, ob das wirklich stimmte; aber Zweiter oder Dritter wollte Amundsen auf keinen Fall sein. Dann lieber Erster am Südpol. Durch einen Zufall erfuhr er, dass der englische Polarforscher Robert Falcon Scott (1868–1912) eine Expedition zum Südpol plante. Nun galt es, keine Zeit zu verlieren, um nicht erneut das Nachsehen zu haben. Deshalb behielt er die Zieländerung auch für sich. Erst als sie schon unterwegs waren, weihte er seine Mannschaft und seinen Konkurrenten ein. Der Wettlauf begann.

Für den Weg über das ewige Eis hatte Amundsen Schlittenhunde gekauft; Scott hatte sich für Motorschlitten und sibirische Ponys entschieden. Doch weder die Motoren noch die Ponys waren den arktischen Bedingungen lange gewachsen. So mussten Scott und seine Männer die schweren Schlitten einen Teil der Strecke selber ziehen. Die Schlittenhunde waren besser geeignet, sodass Amundsen und seine Männer schneller vorankamen. Am 14. Dezember 1911 stand Amundsen als erster Mensch auf dem Südpol und rammte die norwegische Flagge ins Eis. Am 18. Januar 1912 erreichte Scott das Ziel, sah die Flagge und schrieb furchtbar enttäuscht in sein Tagebuch: »Das Schlimmste ist eingetreten, alle meine Träume sind dahin.«

Während Amundsen in seine Heimat zurückkehrte und gefeiert wurde, schafften Scott und seine Männer den Rückweg nicht.

Konrad Adenauer

(1876–1967)

Ein amerikanischer Politiker fragte den damaligen Bundeskanzler Konrad Adenauer, ob unter seinen Vorfahren Indianer gewesen seien. Wenn man Fotos vom alten Adenauer sieht, kann man die Frage verstehen. Aber ein Indianer war nicht unter seinen Vorfahren. Adenauer war ein echt »Kölscher Jung«: Er wurde in Köln geboren, ging dort zur Schule und machte am Apostelgymnasium Abitur.

Im Hause Adenauer war das Geld knapp, denn der Vater verdiente als kleiner Beamter nicht viel; die Mutter musste mit Heimarbeit etwas dazuverdienen, damit die vier Kinder höhere Schulen besuchen konnten. Konrad Adenauer erzählte später, er habe bis zum Alter von 16 Jahren mit seinem Bruder Johannes ein Bett teilen müssen. Und studieren konnte er nur dank eines Stipendiums für begabte Beamtenkinder.

Für sein Studium der Rechts- und Staatswissenschaft verließ er erstmals seine Heimatstadt: Freiburg im Breisgau, München und Bonn waren die Stationen. Aber nach der letzten Prüfung zog es ihn wieder nach Köln zurück, wo er eine Stelle als Gerichtsassessor und Hilfsrichter erhielt. Nun hätte er die Karriereleiter Stufe für Stufe nach oben steigen können, doch das wäre ihm zu langsam gegangen; er wollte nach oben, und zwar möglichst schnell. Dazu musste er sich Zugang zum sogenannten

»Kölschen Klüngel« verschaffen. Eine Möglichkeit sah er im Tennisklub, in dem die höheren Töchter der Kölner Gesellschaft spielten. Dort lernte er Emma Weyer kennen, die Tochter des Generaldirektors der Kölner Lebensversicherungen. Die beiden verliebten sich und heirateten im Jahr 1904.

Ein Onkel von Emma Adenauer war Max Wallraff, der Kölner Oberbürgermeister. Er sorgte dafür, dass Adenauer eine Stelle als »Beigeordneter« in der Stadtverwaltung bekam. Zuständig war er für Finanzen, Personal und Ernährung. In dieser Zeit trat er der Deutschen Zentrumspartei bei, um auch über Köln hinaus politisch mitwirken zu können. 1909 stieg Adenauer zum »Ersten Beigeordneten« auf und war damit erster Stellvertreter des Oberbürgermeisters.

Auch privat schien alles bestens; die Adenauers hatten drei Kinder und waren eine glückliche Familie. Doch dann wurde Emma Adenauer krank und starb im Oktober 1916. Konrad Adenauer blieb mit drei kleinen Kindern zurück. In dieser doppelt schweren Zeit – mitten im Ersten Weltkrieg – wurde Max Wallraff Staatssekretär in Berlin, und Köln brauchte einen neuen Oberbürgermeister. Das war Adenauers Traumposten. Aber konnte er den mit drei kleinen Kindern anstreben? Nach reiflicher Überlegung tat er es und wurde 1917 der jüngste Oberbürgermeister einer Großstadt im ganzen Reich. Er blieb es bis 1933, dann wurde er von Hitlers *Nationalsozialisten* entlassen. Er fürchtete um sein Leben und versteckte sich zeitweise, wurde zweimal verhaftet, überlebte das *Dritte Reich* aber schließlich.

Nach dem Ende des Zweiten Weltkriegs im Mai 1945 war Adenauer mit seinen 69 Jahren eigentlich im Rentenalter. Doch er dachte nicht daran, sich zur Ruhe zu setzen. In der neu gegründeten Partei, der Christlich Demokratischen Union (CDU), übernahm er eine führende Rolle. Nun galt es, *West-Deutschland* wieder zu einem demokratischen Staat zu machen. Dazu war eine neue Verfassung nötig. Die sollte ein sogenannter Parlamentarischer Rat ausarbeiten. In ihm saßen gewählte Abgeordnete der Länder, unter anderem auch Konrad Adenauer. Er wurde zum Vorsitzenden gewählt und konnte so maßgeblich an der Gestaltung der neuen Verfassung, des Grundgesetzes, mitwirken.

Bei der Wahl zum ersten Deutschen Bundestag im August 1949 wurde die CDU stärkste Partei – und Adenauer wollte Bundeskanzler werden. Doch selbst seine Parteifreunde hielten ihn mit 73 Jahren für zu alt. Da verblüffte sie der gerissene Alte mit der Aussage: »Ich habe meinen Arzt gefragt. Er meint, so drei, vier Jahre Kanzler, das würde ich schon noch durchstehen.« Mit einer Stimme Mehrheit wurde er am 15. September 1949 gewählt und hielt nicht nur drei, vier Jahre durch, sondern 14! Bis 1963 prägte Konrad Adenauer die *Bundesrepublik Deutschland* entscheidend mit.

Lise Meitner

(1878–1968)

Als Lise Meitner am 7. November 1878 in Wien geboren wurde, regierte der Sissi-Kaiser Franz Joseph I. schon 30 Jahre und er regierte noch weitere 38 Jahre. In der kaiserlich-königlichen Monarchie Österreich-Ungarn schien sich nichts zu ändern und alles zu bleiben, wie es immer war. Das bedeutete zum Beispiel, dass die schulische Bildung für Mädchen als nicht so wichtig angesehen wurde. Sie würden ja später sowieso heiraten und Kinder bekommen. Dafür brauchten sie keine höhere Bildung.

Doch Lises Eltern dachten nicht so eng wie die meisten Leute in jener Zeit. Beide stammten aus jüdischen Familien und gehörten zum gebildeten Bürgertum. Bei der Erziehung ihrer acht Kinder war ihnen ein liebevoller Umgang miteinander und die Vermittlung von Literatur, Musik und Kunst besonders wichtig. Die Kinder sollten zu frei denkenden Menschen werden – auch die fünf Mädchen.

Lise fragte schon früh nach Erscheinungen und Vorgängen in der Natur. Einmal sah sie in einer Wasserpfütze bunt schimmernde Farben. Sie freute sich nicht nur daran, sie wollte wissen, wie diese Farben zustande kamen. Weil sie so neugierig war, vor allem was naturwissenschaftliche Dinge betraf, hätte sie nach der Volks- und Bürgerschule am liebsten auf einem Gymnasium weitergelernt. Aber der Besuch von Gymnasien war Mädchen damals nicht erlaubt. Für sie kam allenfalls eine »Höhere Töchterschule« infrage, wo Lehrerinnen ausgebildet wurden. Für Lise war das eine »Notlösung«, wie sie später schrieb. »Ich war seit meinem 13. Lebensjahr von dem Wunsch besessen, mich zur Gymnasial *Matura* vorzubereiten, um Mathematik und Physik zu studieren.«

Neben ihrer Ausbildung zur Französisch-Lehrerin lernte sie fleißig für ihr eigentliches Ziel: als sogenannte »Externe« die Prüfung an einem Gymnasium abzulegen. Mit großer Ausdauer gelang ihr das im Alter von 22 Jahren. Und da Frauen in Österreich seit vier Jahren studieren durften, konnte Lise Meitner im Oktober 1901 endlich mit dem Studium beginnen. Allerdings waren Frauen in den naturwissenschaftlichen Fächern nicht gern gesehen. Trotzdem schrieb sich Lise Meitner gegen einige Widerstände an der Universität in Wien für Mathematik, Physik und Philosophie ein. Als sie 1906 die Prüfung in Physik erfolgreich ablegte, war sie erst die zweite Frau, die diesen Doktortitel erhielt.

Um ein »wirkliches Verständnis von der Physik zu gewinnen«, ging sie nach Berlin, wo der bedeutende Physiker Max Planck (1858–1947) lehrte und forschte. Seiner Meinung nach passten Frauen und Naturwissenschaften nicht zusammen. Doch Lise Meitner schaffte es, dass er bei ihr eine Ausnahme machte und sie zu seinen Vorlesungen zuließ.

In dieser Zeit lernte sie den Chemiker Otto Hahn (1879–1968) kennen. Mit ihm arbeitete sie 30 Jahre zusammen. Anfangs musste sie allerdings den Hintereingang zum Labor benutzen und durfte die anderen Räume des Chemischen Instituts nicht betreten – weil sie eine Frau war!

Fünf Jahre lang arbeitete sie unter diesen entwürdigenden Umständen und ohne Gehalt in dem Labor. Dann erhielt sie 1912 eine Assistentenstelle und wurde damit die erste Beamtin an einer preußischen Universität. 1922 stieg sie zur ersten Professorin für Physik in Deutschland auf.

Lise Meitner und Otto Hahn machten bedeutende Entdeckungen im Bereich der *Radioaktivität.* Ihre Versuche führten schließlich zur *Kernspaltung* – und damit zur Nutzung der Kernenergie. Weil Lise Meitner als Tochter jüdischer Eltern 1938 vor Hitlers *Nationalsozialisten* nach Schweden floh, tauschten sie und Otto Hahn sich über den Fortgang der Arbeiten brieflich aus, und einmal trafen sie sich heimlich in Kopenhagen. Dennoch erhielt Otto Hahn 1944 allein den Nobelpreis für die Entdeckung der Kernspaltung. Lise Meitner warf ihm vor, ihren Beitrag zu den Arbeiten nicht angemessen erwähnt zu haben. Andere gingen noch weiter und unterstellten Hahn, er habe Meitners Anteil bewusst unterschlagen, um den Preis nicht mit ihr teilen zu müssen. Ob das stimmt, weiß niemand.

Albert Einstein

(1879–1955)

Seit mehr als 100 Jahren ist Albert Einstein einer der berühmtesten Menschen der Welt. Und das, obwohl seine Theorien so kompliziert sind, dass nur wenige sie begreifen. Er selbst hat einmal verwundert gefragt: »Woher kommt es, dass mich niemand versteht und jeder mag?«

Der bedeutendste Naturwissenschaftler des 20. Jahrhunderts wurde am 14. März 1879 in Ulm geboren. Seine Eltern gehörten der jüdischen Glaubensgemeinschaft an und hatten ein kleines Elektrogeschäft. Ein Jahr nach Alberts Geburt zog die Familie nach München. Dort ging Albert dann zur Schule. Seine Leistungen waren gut, aber von einer Hochbegabung war nichts zu erkennen. Einstein sagte über sich selbst: »Ich habe keine besondere Begabung, ich bin nur leidenschaftlich neugierig.«

Ein leidenschaftlich neugieriger Junge, der ungewöhnliche Fragen stellte, war den Lehrern damals ein Dorn im Auge. Denn das Schulsystem des Deutschen Kaiserreiches war von Zucht und Ordnung geprägt; in den Klassenzimmern herrschte ein Ton wie auf dem Kasernenhof. Später hat Einstein darüber geschrieben: »Die Lehrer in der Volksschule kamen mir wie Feldwebel vor und die Lehrer am Gymnasium wie Leutnants.« Das drillhafte Auswendiglernen war ihm zuwider. Im Alter von 15 Jahren hatte er endgültig genug davon und verließ das Gymnasium ohne Abschluss.

Ein Freund der Familie war von Alberts Fähigkeiten auf dem Gebiet der Naturwissenschaften überzeugt; er sorgte dafür, dass Albert die Kantonsschule in Aarau in der Schweiz besuchen konnte. Dort erwarb er die Hochschulreife und studierte anschließend – wie **Wilhelm Conrad Röntgen** – an der »Eidgenössischen Technischen Hochschule Zürich«.

Lange Zeit hielt sich das Gerücht, Einstein sei ein schlechter Schüler gewesen. Es beruhte auf einem Irrtum von Einsteins erstem Biografen, der das Benotungssystem der Schweiz mit dem deutschen verwechselte: Auf Einsteins Abschlusszeugnis der Kantonsschule standen fünf Sechsen – wobei die Sechs in der Schweiz die beste zu erreichende Note war!

Im Jahr 1900 erwarb Einstein das Diplom als »Fachlehrer für Mathematik und Physik«. Am liebsten hätte er nun an einer Hochschule geforscht und gelehrt, aber er bekam keine Stelle. Länger als ein Jahr schlug er sich als Hauslehrer durch, bevor er auf Empfehlung eines Freundes 1902 endlich eine feste Anstellung bekam – allerdings nicht als Hochschullehrer, sondern als »Experte 3. Klasse« beim Schweizer Patentamt in Bern. Dort arbeitete er bis 1909.

In dieser Zeit entstanden seine ersten wissenschaftlichen Arbeiten und seine »Spezielle Relativitätstheorie«, deren Veröffentlichung ihn 1905 weltberühmt machte. Doch damit war er noch nicht zufrieden und baute die spezielle zu einer »Allgemeinen Relativitätstheorie« aus. In ihr geht es um das Verhältnis von Raum, Zeit und Materie. Für Einstein existieren diese nicht unabhängig voneinander, sondern hängen irgendwie zusammen.

An verschiedenen Beispielen versuchte er, seine Theorie anschaulich zu erklären. Etwa am folgenden: Legt man einem Menschen einen 1 Kilogramm schweren Ziegelstein langsam auf den Kopf, so passiert ihm gar nichts. Lässt man den Ziegelstein jedoch aus 10 Meter Höhe fallen, wird der Kopf das nicht unbeschadet überstehen. Das Gewicht des Steines verändert sich also durch die Fallhöhe und die Geschwindigkeit, mit der es fällt. Das heißt, Raum, Zeit und Materie sind keine »absoluten«, sondern »relative« Größen.

Einsteins Theorien führten zu Versuchen, mit nur wenig Materie große Mengen Energie zu schaffen. Eine solche Umwandlung von Materie in ungeheuer viel Energie findet bei der *Kernfusion* statt – und führte letztlich zur Entwicklung der Atombombe.

Albert Einstein war kein Wissenschaftler, der in einem Elfenbeinturm lebte. Wie schon als Schüler sagte er auch als Erwachsener offen und öffentlich seine Meinung. Die passte den Herrschenden in Deutschland, wo er seit 1914 wieder lebte, oft überhaupt nicht. Als Hitlers *Nationalsozialisten* 1933 die Macht übernahmen, wurde es für Einstein aus zwei Gründen gefährlich: wegen seiner politischen Ansichten und mehr noch, weil er Jude war. Von einer Vortragsreise in die USA kehrte er nicht mehr ins *Nazi*-Deutschland zurück. Er wurde Professor an der Universität Princeton, wo er am 18. April 1955 starb.

Alexander Fleming

(1881–1955)

Bei der Aufklärung von Verbrechen stößt die Polizei manchmal an Grenzen, auch wenn sie all ihre Möglichkeiten nutzt. In solchen Fällen kommt es vor, dass völlig unerwartet ein Beweisstück auftaucht oder der Täter einen dummen Fehler macht. Wenn er dann doch noch gefasst werden kann, heißt es in den Medien, der »Kommissar Zufall« habe kräftig mitgeholfen.

So ähnlich ist es in der Wissenschaft. Auch hier garantieren detektivischer Scharfsinn und große Mühe keineswegs den Erfolg. Doch wie der »Kommissar Zufall« bei der Polizei mischt auch in der Wissenschaft manchmal jemand mit, den man »Kollege Zufall« nennen könnte. Ihm hat die Wissenschaft und damit die Menschheit manche Entdeckung zu verdanken. Einer der Wissenschaftler, dem der »Kollege Zufall« hilfreich zur Seite stand, war der Schotte Alexander Fleming.

Weil er aus einer armen Bauernfamilie stammte, musste Alexander nach der Schule mit einfachen Arbeiten Geld verdienen. Als er 20 Jahre alt war, sorgte ein Onkel dafür, dass er in London Medizin studieren konnte. Nach einem guten Abschlussexamen machte er die Facharztausbildung zum Chirurgen im »St. Mary's Hospital«, wo er anschließend arbeitete. Doch ihm wurde bald klar, dass er nicht sein Leben lang an und in Menschen herumschneiden wollte. Lieber saß er im Labor, beschäftigte sich mit Bakterien und spezialisierte sich auf Infektionskrankheiten.

1921 wurde Fleming zum Leiter des Impflabors ernannt. Wie Robert Koch und andere Bakteriologen suchte er nun nach Impfstoffen gegen krankheitserregende Bakterien. Seine Entdeckungen und Veröffentlichungen führten dazu, dass er im Jahr 1928 auf den Lehrstuhl für Bakteriologie an der Londoner Universität berufen wurde. Im September desselben Jahres sorgte »Kollege Zufall« dafür, dass Alexander Fleming später weltberühmt wurde. Und das kam so:

Er hatte in flachen Glasschalen Staphylokokken herangezüchtet. Das sind Krankheitserreger, die beispielsweise zu einer Lungenentzündung führen. Als Fleming eines Morgens ins Labor kam, sah er, dass sich in einer der Glasschalen Schimmel gebildet hatte, obwohl er immer sehr auf Sauberkeit achtete. Zuerst ärgerte er sich, weil die Untersuchungsreihe damit unbrauchbar geworden war. Er wollte die Glasschale samt Inhalt schon zum Abfall werfen, da fiel ihm etwas auf: Um den Schimmelpilz herum waren keine Staphylokokken zu sehen. Fleming schaute sich die Sache unter dem Mikroskop genauer an und erkannte, dass der Pilz den Krankheitserreger tatsächlich vernichtet hatte. Dieser zufälligen Entdeckung folgten viele Untersuchungen, die Flemings erste Beobachtung bestätigten. Dabei stellte er auch Folgendes fest: Der Pilz erzeugte eine Flüssigkeit, die den Krankheitserreger vernichtete. Weil der Schimmelpilz auf Lateinisch »Penicillium notatum« heißt, nannte Fleming die Flüssigkeit »Penicillin«.

Im Juni 1929 veröffentlichte er seine Entdeckung im »British

Journal of Experimental Pathology«, doch niemand erkannte die Bedeutung. Und Fleming selbst kam nicht viel weiter. Er wusste zwar, dass sich mit Penicillin Infektionen wie Eiterungen, Lungen- oder Hirnhautentzündungen wirksam bekämpfen ließen, aber es gab ein großes Problem: ausreichende Mengen für die Behandlung von Erkrankten zu gewinnen.

Zehn Jahre später lasen zwei Wissenschaftler Flemings Artikel: Howard Florey (1898–1968) und Ernst Chain (1906–1979). Sie erkannten die Bedeutung von Flemings Entdeckung und fanden in den USA Geldgeber, um Penicillin in größeren Mengen herzustellen.

1941 konnte der erste Patient durch das neue »Wundermittel« geheilt werden. Zu dieser Zeit tobte der Zweite Weltkrieg, in dem unzählige Soldaten an ihren eiternden Wunden gestorben wären, wenn es das Penicillin nicht gegeben hätte.

Nun erhielt der Entdecker die verdiente Anerkennung. Noch während des Krieges wurde er in den Adelsstand erhoben und durfte sich Sir nennen. Im Herbst 1945 folgte sozusagen die Krönung: Zusammen mit Howard Florey und Ernst Chain erhielt Sir Alexander Fleming den Nobelpreis für Medizin.

Penicillin wurde zum Vorläufer für weitere Antibiotika und ist bis heute eines der wichtigsten Medikamente auf der ganzen Welt.

Pablo Picasso

(1881–1973)

Ende des 19. Jahrhunderts gehörte es in den besseren spanischen Familien zum guten Ton, den Kindern eine Vielzahl von Vornamen zu geben. Auch der Zeichenlehrer José Ruiz Blasco und seine Frau María Picasso y López machten bei ihrem erstgeborenen Sohn keine Ausnahme und ließen ihn auf die Namen Pablo Diego José Francisco de Paula Juan Nepomuceno María de los Remedios Crispiniano de la Santísima Trinidad Ruiz taufen.

Man mag sich gar nicht vorstellen, er hätte später seine Werke mit dem ganzen Namen signiert. Zum Glück hat er das nicht getan; anfangs signierte er mit »P. Ruiz«, im Alter von 17 Jahren wechselte er zum Mädchennamen seiner Mutter »P. Picasso« und irgendwann ließ er das »P« weg.

Schon mit vier, fünf Jahren zeigte sich das große Talent des kleinen Pablos. Sein Vater unterrichtete ihn, um das Talent zu fördern. Das erste erhaltene Ölgemälde hat Pablo als Achtjähriger gemalt. Wie mehrere Zeichnungen des Jungen zeigte es einen Stierkämpfer. Rückblickend erzählte Picasso dazu: »Die Leute stellen sich vor, ich hätte die Stierkämpfe meiner Bilder nach dem Leben gemacht. Sie irren sich. Ich habe sie am Abend vorher gemalt, um das Eintrittsgeld bezahlen zu können.« Als er 14 Jahre alt war, zog die Familie nach Barcelona, wo der Vater eine Stelle an der Kunstakademie bekam. Pablo bestand die Aufnahmeprüfung problemlos und übersprang sogar zwei Klassen. Ein Jahr später richtete ihm sein Vater das erste Atelier ein. Dort malte Pablo Bilder in der Art, wie er es gelernt hatte, zum Beispiel »Die Erstkommunion«. Später distanzierte er sich von diesen Arbeiten, nannte sie altmodisch und sentimental.

Mit 16 wechselte er an die Königliche Akademie in Madrid. Doch er hatte bald das Gefühl, dass die dortigen Lehrer ihn nicht wirklich weiterbrachten. Auch die erste Ausstellung seiner Bilder in Barcelona wurde eine Enttäuschung: Es gab viel Kritik und wenig Verkäufe.

Picasso spürte, dass er wegmusste, auch von seinem Vater, und neue Anregungen brauchte. Dafür schien ihm Paris der richtige Ort zu sein. Zwischen 1900 und 1904 war er mehrmals in der »Stadt der Künstler«, lernte bekannte Maler wie Henri de Toulouse-Lautrec (1864–1901) kennen, war oft im Louvre, um sich die Bilder der großen Meister anzuschauen. In dieser Zeit experimentierte er viel und fand langsam seinen eigenen Stil. Die Bilder sind vorwiegend in Blautönen gemalt, deswegen spricht man von der »Blauen Periode«. Die Menschen wirken sehr ernst, nachdenklich, ja bedrückt.

Es folgte die »Rosa Periode«, in der er Motive aus der Zirkuswelt nahm und in immer neuen Variationen darstellte. 1907 entstand ein Gemälde, das als Wendepunkt in der Geschichte der Malerei angesehen wird: »Les Demoiselles d'Avignon«. So waren Frauen noch niemals dargestellt worden. Viele sagten, der Maler müsse verrückt sein. Picasso war nicht verrückt. »Ich male die Dinge, wie ich sie denke, nicht wie ich sie sehe«, sagte er. Und weil er sie anders dachte als andere, malte er sie anders. Mit den »Fräuleins von Avignon« hatte er das erste »kubistische« Bild gemalt. Zusammen mit seinem Freund George Braque (1882–1963) entwickelte Picasso nun eine völlig neue Bildsprache: Figuren und Landschaften wurden in geometrische Formen wie Würfel, Zylinder, Kugeln und Kegel aufgelöst und neu zusammengesetzt, anstatt sie nur abzubilden. Damit begründeten sie den sogenannten Kubismus, der die Malerei revolutionierte. Doch Picasso blieb nicht stehen, entwickelte immer neue Formen und Stile, schuf insgesamt etwa 50.000 Werke, neben Zeichnungen und Gemälden auch Grafiken, Plastiken und Keramiken. Besonders beeindruckend ist sein 27 Quadratmeter großes Gemälde »Guernica«, mit dem er die Grausamkeiten des Krieges anklagt. Für den Weltfriedenskongress 1949 in Paris entwarf er eine Taube, die seither als »Friedenstaube« ein weltweites Symbol für den Frieden ist.

Pablo Picasso war schon zu Lebzeiten berühmt, wurde 91 Jahre alt und hoch geehrt. Er gilt als der bedeutendste Künstler des 20. Jahrhunderts, der die Kunst weltweit maßgeblich beeinflusst hat.

Franz Kafka

(1883–1924)

Franz Kafka war ein schmächtiger, sensibler, nachdenklicher, zurückhaltender Junge, der so gar nicht den Vorstellungen seines Vaters entsprach. Der kräftige, zupackende, grobe Mann hatte sich aus einfachen Verhältnissen hochgearbeitet und herrschte nun über seine Familie, auch über seine Frau, die gebildeter war als er. Sie ordnete sich unter und arbeitete jeden Tag zehn bis zwölf Stunden in dem Geschenkartikelgeschäft, das ihr Mann seines nannte. Franz wurde vernachlässigt und hauptsächlich vom häufig wechselnden weiblichen Dienstpersonal aufgezogen.

Er litt sehr unter diesen Umständen und wurde nach eigener Aussage »menschenscheu und ängstlich«. Am meisten plagte ihn, dass sein Vater keinerlei Verständnis für seine Interessen und Wünsche zeigte. So kann es nicht verwundern, dass Franz sich immer mehr zurückzog und sozusagen Selbstgespräche führte, indem er aufschrieb, was ihn beschäftigte und bedrängte. Von einem seiner wenigen Freunde wissen wir, dass Franz schon als Schüler viel geschrieben hat, unter anderem auch Tagebücher. Allerdings ist aus dieser Zeit nichts erhalten. Erhalten ist zum Glück der »Brief an den Vater«, den Kafka im Alter von 36 Jahren geschrieben hat. Darin steht unter anderem:

»Ich winselte einmal in der Nacht immerfort um Wasser. Nachdem einige starke Drohungen nicht geholfen hatten, nahmst Du mich aus dem Bett, trugst mich auf die *Pawlatsche* und ließest mich dort allein vor der geschlossenen Tür ein Weilchen im Hemd stehen. Ich will nicht sagen, dass das unrichtig war, vielleicht war damals die Nachtruhe auf andere Weise wirklich nicht zu verschaffen, ich will aber damit Deine Erziehungsmittel und ihre Wirkung auf mich charakterisieren. Ich war damals nachher wohl schon folgsam, aber ich hatte einen inneren Schaden davon ... Noch nach Jahren litt ich unter der quälenden Vorstellung, dass der riesige Mann, mein Vater, die letzte Instanz, fast ohne Grund kommen und mich in der Nacht aus dem Bett auf die Pawlatsche tragen konnte und dass ich also ein solches Nichts für ihn war.«

Dieses »mich oft beherrschende Gefühl der Nichtigkeit« und des Ausgeliefertseins wurde Kafka sein Leben lang nie mehr los – ebenso wenig wie die Hauptpersonen seiner Erzählungen und Romane.

In der Nacht vom 22. zum 23. September 1912 schrieb Kafka die Erzählung »Das Urteil«. Darin sagt der Vater am Ende eines langen Gesprächs zu seinem Sohn: »Ich verurteile dich zum Tode des Ertrinkens!« Der Sohn akzeptiert das väterliche Urteil widerspruchslos und geht ins Wasser.

In Kafkas erstem unvollendeten Roman »Der Prozess« ist nicht mehr der Vater die übermächtige Figur; an seine Stelle tritt ein anonymes Gericht als oberste Instanz.

»Jemand musste Josef K. verleumdet haben, denn ohne dass er etwas Böses getan hätte, wurde er eines Morgens verhaftet.« Zuerst glaubt er noch an »einen groben Spaß«. Dafür spricht, dass er trotz seiner Verhaftung in Freiheit bleibt. Beim ersten Verhör versucht Josef K. zu erfahren, was ihm vorgeworfen wird, um sich rechtfertigen zu können. Aber niemand sagt es ihm. Er macht sich auf die Suche nach dem obersten Gericht, findet es in dem Behördenlabyrinth jedoch nicht. Je länger der »Prozess« dauert, desto mehr fühlt Josef K. sich irgendwie doch schuldig, ohne sich dabei einer konkreten Schuld bewusst zu sein. Und schließlich nimmt er es widerstandslos hin, dass ihm »der eine Herr« ein Messer ins Herz stößt.

So ungewöhnlich, ja absurd vieles in Kafkas Texten auf den ersten Blick scheint, so bekannt kommt uns heute manches auf den zweiten Blick vor. Denn früher und eindringlicher als andere hat er die Vereinsamung, das Leiden des Individuums an einer ihm fremd gewordenen Welt mit ihren anonymen Mächten beschrieben.

Mit seinen Erzählungen und Romanen hat Franz Kafka die moderne Literatur und Kunst stark beeinflusst. Er ist der einzige Schriftsteller, aus dessen Namen ein Adjektiv abgeleitet wurde: kafkaesk. So nennt man eine Situation, in der anonyme Mächte auf rätselhafte Weise unheimlich und bedrohlich wirken. Dabei ist auch die Grenze zwischen Traum und Wirklichkeit fließend.

Coco Chanel

(1883–1971)

Die US-Zeitschrift »Time Magazine« hat Coco Chanel in die Liste der 100 einflussreichsten Personen des 20. Jahrhunderts aufgenommen. Das halten manche für übertrieben. »Da gehört die nicht hin«, sagen sie. »Die hat doch nur Mode gemacht.« Aber dieses »nur« ist unangemessen und verkennt die Lebensleistung dieser ungewöhnlichen Frau.

Coco Chanel war die uneheliche Tochter des Straßenhändlers Albert Chanel und seiner Geliebten Jeanne Devolle. Die Mutter log dem Standesbeamten vor, sie seien verheiratet, und ließ ihre Tochter auf den Namen Gabrielle Chanel eintragen. Die Eltern hatten noch mehr Kinder, insgesamt sechs, und das Geld reichte hinten und vorne nicht.

Als Gabrielle zwölf Jahre alt war, starb die Mutter. Der Vater gab sie und ihre beiden Schwestern im Waisenhaus eines katholischen Klosters ab und kümmerte sich nicht mehr um seine Töchter. Die Mädchen wurden von Nonnen unterrichtet, mussten aber auch arbeiten; Gabrielle wurde in der Nähstube eingesetzt und lernte das Nähen.

Sechs Jahre lebte sie im Waisenhaus. Dann wurde sie entlassen und schlug sich als Näherin durch. Als sie 20 war, erhielt sie eine Anstellung in einem Wäschegeschäft in Paris. Um den geringen Lohn etwas aufzubessern, trat sie unter dem Künstlernamen

»Coco« als Sängerin in Nachtklubs auf. Dabei traf sie den Industriellensohn Etienne Balsan, mit dem sie vier Jahre zusammenlebte. Er führte sie in die »bessere Gesellschaft« ein und gab ihr das Geld, um einen Hutsalon eröffnen zu können. Ihre eigenwilligen Hüte kamen bei den Damen gut an und wurden in der Modewelt beachtet. Dieser erste Erfolg ermunterte Coco Chanel, noch einen Schritt weiter zu gehen und auch Kleider zu entwerfen. In dieser Zeit begegnete sie dem englischen Unternehmer Arthur Capel. Die beiden wurden Geschäftspartner und ein Liebespaar. Mit seinem Geld eröffnete sie ihr erstes Modehaus in Paris, in dem sie ihre Modelle anbot, die sich radikal von der herrschenden Mode unterschieden. Vor Coco Chanel wurden Frauen in Korsetts und einengende Kleider gepresst, die ihnen das Bewegen erschwerten. Dagegen waren Coco Chanels Kleider bequem zu tragen; sie umspielten den Körper locker und leicht, waren einfach geschnitten und verzichteten auf die bis dahin üblichen Verzierungen.

Mit ihren Kleidern wollte Coco Chanel dazu beitragen, die Frauen aus ihren beengenden Zwängen zu befreien und ihnen mehr Bewegungsmöglichkeiten zu verschaffen – auch über die Mode hinaus. Sie selbst ließ sich die Haare kurz schneiden und trug auch Hosen, was für die damalige Zeit revolutionär war.

Coco Chanels Kleider wurden von vielen Frauen begeistert angenommen. Das Geschäft lief glänzend und bald beschäftigte sie 300 Näherinnen. Sie verdiente so viel, dass sie ihre Schulden zurückzahlen konnte, was ihr sehr wichtig war, denn sie wollte von niemand abhängig sein.

»Nebenbei« entwarf sie 1921 einen Duft, der sie weltberühmt machte: Chanel No 5. Es war das erste Parfüm, das den Namen seiner Schöpferin trug. Chanel No 5 ist der erfolgreichste Damenduft aller Zeiten und steht auch heute regelmäßig unter den Top 10 der meistverkauften Parfüms.

Auch in ihrem eigentlichen Bereich gelang ihr mit dem 1926 vorgestellten »kleinen Schwarzen« ein Klassiker. »Dieses schlichte Kleid wird eine Art von Uniform für alle Frauen mit Geschmack werden«, sagte Coco Chanel in der Zeitschrift »Vogue« voraus. Das Kleid und die Voraussage waren mutig. Denn Schwarz war bis dahin hauptsächlich Trauerkleidung und die Kleidung von Dienstboten. Junge unverheiratete Frauen in knappe schwarze Kleider zu stecken verstieß in den 1920er-Jahren gegen alle Regeln. Doch wieder sollte Coco Chanel recht behalten: Uniform war zwar nicht das richtige Wort, aber getragen wurde und wird das »kleine Schwarze« zu festlichen Anlässen in der ganzen Welt.

Obwohl sie inzwischen reich war, entwarf Coco Chanel bis ins hohe Alter neue Modelle – von denen viele sie überlebten. Wie keine andere Modeschöpferin prägte sie die Mode des 20. Jahrhunderts und hinterließ eines der bedeutendsten Modelabels der Welt.

Le Corbusier

(1887–1965)

»War er genial? Oder doch nur eine größenwahnsinnige Kröte mit Rundbrille?«, fragte »DIE ZEIT« anlässlich seines 125. Geburtstags. Wie viele Menschen, die etwas Neues wagen, war der Architekt Le Corbusier schon bei seinen Zeitgenossen umstritten – und ist es bis heute.

Geboren wurde er im schweizerischen La Chaux-de-Fonds als Charles Édouard Jeanneret-Gris. Sein Vater betrieb eine Werkstatt, in der er Uhrengehäuse gestaltete, seine Mutter war Musikerin. In dem gebildeten und künstlerischen Elternhaus erhielt der kleine Charles vielfältige Anregungen.

Mit 13 Jahren begann er eine Lehre als Graveur und Goldschmied an der Kunstgewerbeschule in seinem Geburtsort. Schon während der Lehrzeit veränderten sich seine Interessen in Richtung Malerei und Architektur. Und 1904 entschied er sich, Architektur zu studieren, denn nun wollte er Häuser bauen. Mit dem Entwurf für sein erstes Haus wartete er allerdings nicht, bis er fertiger Architekt war: Er entwarf es schon als junger Student für einen früheren Lehrer.

Von 1907 bis 1911 unternahm Charles ausgedehnte Studienreisen durch Europa. In dieser Zeit arbeitete er in namhaften Architekturbüros, unter anderem in Mailand, Florenz, Budapest, Wien, Athen und Berlin. Überall sah er zwar viel Neues, aber nichts, was ihn wirklich überzeugte. Er suchte nach einem Baustil, der zum modernen Menschen des 20. Jahrhunderts passen sollte.

1912 kehrte Charles Édouard Jeanneret-Gris nach La Chaux-de-Fonds zurück, lehrte an der Kunsthochschule und arbeitete als Architekt. Dabei entwickelte er ein Skelettsystem aus Stahlbeton, das sich für den Bau von mehrgeschossigen Häusern eignete. Unter dem Namen »Domino« meldete er es zum Patent an. Hochhäuser und Wolkenkratzer werden bis heute im Wesentlichen nach diesem Prinzip gebaut.

1917 zog er nach Paris, wo er den Maler Amédée Ozenfant kennenlernte. Durch ihn angeregt, beschäftigte sich Charles Édouard Jeanneret-Gris zunächst mit der Malerei und schuf seine ersten Ölgemälde. Zusammen gründeten sie die Zeitschrift »L'Esprit Nouveau«, also »Der neue Geist«, in der sie über Kunst, Literatur, Architektur und Wissenschaft schrieben. Charles Édouard Jeanneret-Gris unterzeichnete seine Artikel mit dem Pseudonym Le Corbusier.

1918 veröffentlichten Le Corbusier und Amédée Ozenfant ihr »Manifest des Purismus« und begründeten damit eine neue Stilrichtung in der Kunst und Architektur. »Purus« ist lateinisch und bedeutet »rein, unverfälscht, frei von fremden Elementen«. Ziel waren eine klare, regelmäßige Malerei und Bauweise auf der Basis von einfachen geometrischen Formen ohne dekoratives Beiwerk.

Nach dem »Ausflug in die Malerei« wandte sich Le Corbusier wieder der Architektur zu. Er plante zweckmäßige, funktionale und möglichst preiswerte Gebäude. Dafür verwendete er die modernen technischen Möglichkeiten, also Stahlbeton,

Eisen und Fertigteile. Allerdings baute er nicht einfach »Betonkästen« in die Landschaft, wie es später in vielen Neubausiedlungen am Rande von Großstädten gemacht wurde. Le Corbusier spielte sozusagen mit den geometrischen Grundformen des Rechtecks, Quaders, Würfels und Kreises. Er setzte die Baukörper auf Beton- oder Eisenstützen, arbeitete mit großflächigen Fenstern und schaffte es dadurch, dass die Gebäude lichtdurchflutet wurden, leicht, offen und hell wirkten. Dazu trugen auch die weißen Fassaden bei.

Statt der herkömmlichen Steildächer schuf Le Corbusier vorwiegend Flachdächer, die als Gärten oder Terrassen genutzt werden konnten.

Le Corbusier wurde ein gefragter Architekt und Städteplaner, der in der ganzen Welt tätig war. Unter anderem entwarf er Regierungsgebäude in Rio de Janeiro, das UN-Gebäude in New York, Wohneinheiten für 1800 Menschen in Marseille und Berlin und die Stadt Chandigarh in Indien.

Mit seinen Ideen und Werken hat er die modernen Städte mitgestaltet; um das zu wollen und zu schaffen, muss man vielleicht nicht genial, aber mindestens ein bisschen größenwahnsinnig sein.

Mao Zedong

(1893–1976)

Wenn etwas aus der Mode, nicht mehr zeitgemäß und veraltet ist, sprechen manche von einem »alten Zopf«. Man müsse »den alten Zopf abschneiden«, fordern sie dann.

Als Mao Zedong 1893 geboren wurde, hatten die Männer in China lange Zöpfe. Es galt noch ein Gesetz aus dem Jahr 1645, das besagte, wenn ein Chinese seine Haare schneide und keinen Zopf trage, werde er mit dem Tode bestraft. In den 250 Jahren hatte sich in China zwar einiges geändert, allerdings nicht an den Machtverhältnissen. In der »Verbotenen Stadt« regierte in einem märchenhaften Palast wie damals ein Kaiser der Quing-Dynastie, der sich wenig um die Sorgen und Nöte der kleinen Leute kümmerte. Zu ihnen gehörte auch Maos Familie. Sein Vater war ein Bauer, der es durch Fleiß und Geiz zu ein bisschen Wohlstand gebracht hatte. Der harte Mann ließ seinen Sohn schon mit sechs Jahren auf den Reisfeldern schuften. Und in die Schule durfte Mao nur unter einer Bedingung: Er musste vor und nach dem Unterricht im Hof und auf den Feldern seine Arbeit machen. Mit zehn Jahren lief Mao zum ersten Mal von zu Hause weg und irrte drei Tage durch die Gegend. Der Hunger trieb ihn wieder zurück – und zu seiner Überraschung behandelten ihn sein Vater und der Lehrer besser als zuvor. »Das Ergebnis meiner

Protestaktion beeindruckte mich sehr. Es war ein erfolgreicher Streik«, erzählte Mao später.

Immer wieder kam es zu Auseinandersetzungen mit dem Vater, der Mao einen faulen Taugenichts schimpfte, weil der lieber in Büchern las, als auf dem Hof zu arbeiten. Mit 15 lief er endgültig davon, schlug sich einige Zeit durch und besuchte dann eine Schule in der Provinzhauptstadt Tschangscha. Er las sehr viel und lernte einiges über die Geschichte anderer Länder. Und er wurde Zeuge, wie in seinem Land Bauernaufstände von kaiserlichen Soldaten blutig niedergeschlagen wurden. In dieser Zeit wuchs sein politisches Interesse. Als revolutionäre Kräfte im Frühjahr 1911 den erst fünfjährigen Kaiser stürzen und China zu einer *Republik* machen wollten, schlug Mao sich auf ihre Seite. Er schnitt demonstrativ seinen Zopf ab und veröffentlichte am Schwarzen Brett der Schule seinen ersten politischen Text. Darin forderte er den Umsturz im Land, einen gewählten Präsidenten an Stelle des Kaisers und die Herrschaft des Volkes.

Wie in anderen Staaten endete der Kampf um die Macht in einem Bürgerkrieg. Mao spielte dabei keine Rolle. Er machte eine Ausbildung zum Lehrer und ging 1918 nach Peking, wo er als Aushilfsbibliothekar arbeitete. Hier lernte er die Ideen von Marx, Engels und **Lenin** kennen und wurde 1921 Mitglied der neu gegründeten »Kommunistischen Partei Chinas«.

Nach langen und verlustreichen Kämpfen mit den Gegnern der Kommunisten und mit seinen innerparteilichen Widersachern gelang es Mao in den 1930er-Jahren, zum Führer der Partei aufzusteigen. Wie Lenin in der Sowjetunion schuf Mao eine »Rote Armee«, mit der er nach dem Zweiten Weltkrieg die Macht im Land eroberte. Am 1. Oktober 1949 rief er in Peking die »Volksrepublik China« aus. Mao wurde zum starken Mann der neuen Republik. Nun wollte er »die alten Zöpfe abschneiden« und das Land radikal umgestalten. Zuerst ließ er die Mächtigen und Reichen des alten Systems töten. Dann verstaatlichte er die Landwirtschaft und die Industrie; niemand sollte Besitz haben, alle sollten zum Wohl des ganzen Volkes arbeiten. In einem »Großen Sprung nach vorn« sollte China modernisiert werden. Doch der »Große Sprung« misslang, die Produktion ging zurück und viele Millionen Menschen verhungerten.

Als die Kritik an Mao lauter wurde, rief er 1966 die »Große Kulturrevolution« aus. Kritiker und Gegner von Maos Politik wurden eingesperrt und getötet. Schüler und Studenten sollten Mao bedingungslos folgen. »Die Liebe zu Mutter und Vater gleicht nicht der Liebe zu Mao Zedong«, lautete die Parole.

Der Bauernsohn aus Hunan, der anfangs für die Herrschaft des Volkes gekämpft hatte, herrschte nun als »Großer Vorsitzender« und ließ sich verehren wie ein Gott. Ein kleines »Rotes Buch« mit seinen gesammelten Sprüchen und Merksätzen wurde dann auch »Mao-Bibel« genannt und weltweit verbreitet.

Nach seinem Tod wurde Mao Zedong – wie Lenin – mumifiziert und in einen gläsernen Sarg gelegt. In einem extra erbauten Mausoleum in Peking kann man ihn bis heute sehen.

Bertolt Brecht

(1898–1956)

»Ich habe das Licht der Welt im Jahr 1898 erblickt. Meine Eltern sind Schwarzwälder. Die Volksschule langweilte mich vier Jahre. Während meines neunjährigen Eingewecktseins an einem Augsburger Realgymnasium gelang es mir nicht, meine Lehrer wesentlich zu fördern.«

Das schrieb Brecht, als er schon nicht mehr der schüchterne, schmächtige und oft kränkliche Junge, sondern ein aufmüpfiger, leicht größenwahnsinniger junger Mann war.

Als 18-Jähriger musste er während des Ersten Weltkriegs einen Aufsatz zu folgendem Thema schreiben: »Süß und ehrenvoll ist es, für das Vaterland zu sterben«. Der Lehrer erwartete heldenhafte Ausführungen von seinen Schülern. Doch Bert schrieb unter anderem, nur Hohlköpfe könnten so etwas sagen. »Der Ausspruch, dass es süß und ehrenvoll sei, fürs Vaterland zu sterben, kann nur als Zweckpropaganda gewertet werden. Der Abschied vom Leben fällt immer schwer, im Bette wie im Schlachtfeld, am meisten gewiss jungen Menschen in der Blüte ihrer Jahre.«

Nur weil sein Vater Fabrikdirektor und ein angesehener Augsburger Bürger war, flog der Sohn nicht von der Schule und konnte wenig später ein »Notabitur« machen. Das war eine erleichterte Prüfung, verbunden mit der Pflicht, anschließend

Soldat zu werden. Diesmal sorgte sein Vater dafür, dass Brecht nicht in den Krieg musste. Er zog nach München und schrieb sich an der Universität für Medizin und Philosophie ein. Doch er besuchte kaum Vorlesungen, sondern beschäftigte sich lieber mit Literatur – und begann seine ersten Stücke fürs Theater zu schreiben: »Baal« und »Trommeln in der Nacht«. Allerdings wollte er die Zuschauer nicht unterhalten, sondern auf Missstände in der Gesellschaft hinweisen. Dafür schien ihm das klassische »Illusionstheater« ungeeignet. Deshalb suchte er Mittel und Wege, die Zuschauer aus ihrer Konsumhaltung zu reißen. Schon bei der Aufführung seiner ersten Stücke ließ er zum Beispiel Transparente aufhängen: »Glotzt nicht so romantisch!« Die Schauspieler traten aus ihrer Rolle, wandten sich direkt ans Publikum und forderten es zum Mit- und Nachdenken auf; mit eingestreuten Songs wurde das Geschehen unterbrochen und kommentiert. Der Stückeschreiber »muss sein Publikum wundern machen, und dies geschieht vermittels einer Technik der Verfremdungen«, schrieb Brecht dazu. »Einen Vorgang oder einen Charakter verfremden heißt zunächst einfach, dem Vorgang oder dem Charakter das Selbstverständliche, Bekannte, Einleuchtende zu nehmen und über ihn Staunen und Neugierde zu erzeugen.« Die Zuschauer sollten begreifen, dass auf der Bühne nicht gelebt, sondern gespielt wurde, um etwas zu lehren. Damit hat Brecht eine neue Form des Theaters geschaffen, die er »episches Theater« nannte.

Der ehrgeizige junge Mann war in den 1920er-Jahren ungeheuer produktiv. Er verfasste Stück um Stück und arbeitete als Regisseur auch bei den Aufführungen mit. Außerdem schrieb er Gedichte, die 1927 unter dem Titel »Hauspostille« veröffentlicht wurden.

Neben der vielen Arbeit führte er auch ein turbulentes Privat- und Liebesleben. Im Alter von 26 Jahren hatte er schon vier Kinder von drei verschiedenen Frauen.

Berühmt wurde Brecht 1928 mit der »Dreigroschenoper«. Das »Stück mit Musik« hat er zusammen mit dem Komponisten Kurt Weill (1900–1950) geschaffen. Es wurde ein internationaler Erfolg, einige der Songs wurden Welthits, zum Beispiel »Die Moritat von Mackie Messer«.

Das ganze Berühmtsein half Brecht nicht, als die *Nationalsozialisten* 1933 die Macht in Deutschland übernahmen. Seine Schriften gehörten zu den ersten, die verboten und verbrannt wurden. Brecht konnte mit seiner Familie noch rechtzeitig das Land verlassen. Bis 1947 lebten sie in verschiedenen Staaten, zuletzt in den USA. Auch in der Zeit des *Exils* arbeitete Brecht fleißig. Unter anderem entstanden Stücke, die bis heute in der ganzen Welt aufgeführt werden: »Mutter Courage und ihre Kinder«, »Das Leben des Galilei«, »Der gute Mensch von Sezuan« und »Der kaukasische Kreidekreis«.

1949 kehrte Brecht zurück, entschied sich für ein Leben in *Ost-Deutschland*, der *DDR*, weil er beim Aufbau eines *sozialistischen* Staates mithelfen wollte. Am 14. August 1956 starb Bert Brecht an Herzversagen.

Walt Disney

(1901–1966)

Welche Maus ist die berühmteste der Welt? Das weiß doch jedes Kind, werden jetzt alle sagen. Natürlich Micky Maus! Richtig. Und kaum weniger berühmt sind Donald Duck, seine Neffen Tick, Trick und Track, der reiche Dagobert Duck, Goofy, die Panzerknacker, um nur einige der vielen Figuren zu nennen, die Walt Disney geschaffen hat.

Geboren wurde er am 5. Dezember 1901, einem Sonntag. Er war also ein Sonntagskind. Früher glaubten viele Leute, Sonntagskinder hätten besondere Fähigkeiten, zum Beispiel könnten sie in die Zukunft sehen. Das ist natürlich Unsinn, das kann niemand. Doch manche Menschen haben so viel Fantasie, dass sie schon Dinge »sehen«, die es in der Wirklichkeit noch nicht gibt. So ein Mensch war Walt Disney. Seine Eltern hatten eine Farm, auf der die fünf Kinder bei der täglichen Arbeit mithelfen mussten. Doch der kleine Walt streifte lieber durch die Gegend – und er malte gern, am liebsten Tiere. In seiner Vorstellung wurden die Tiere lebendig, sie bewegten sich und redeten.

Schon mit 15 verließ er das Elternhaus und ging zuerst nach Kansas City, dann nach Chicago, um an den Kunstakademien das Zeichnen und Malen zu lernen.

1919 kehrte er nach Kansas City zurück, wo er in einem Werbestudio als Reklamezeichner eingestellt wurde. Dort lernte er den

Zeichenkünstler Ub Iwerks (1901–1971) kennen. Der zeichnete die Figuren für einen kurzen Werbefilm in Form eines Zeichentrickfilms. Das war es, was Walt Disney sich schon als Junge vorgestellt hatte: gezeichnete Figuren, die »lebendig« wurden. Er begann, alles über die Technik und die Bewegungsabläufe bei Trickfilmen zu studieren. Dann kündigte er seine Stelle und gründete zusammen mit seinem Bruder Roy O. Disney (1893–1971) eine Firma, um Zeichentrickfilme zu produzieren. Weil sie keinen Erfolg und kein Geld mehr hatten, lösten sie die Firma nach zwei Jahren wieder auf. Doch Walt Disney ließ sich nicht entmutigen, denn er war überzeugt, dass Zeichentrickfilme mit Tieren eine große Zukunft hatten. Allerdings waren ihm nach den ersten Misserfolgen zwei Dinge klar geworden:

1. Damit die Zuschauer sich mit den Tieren identifizieren konnten, mussten diese »menschlicher« werden; sie mussten sprechen, sich freuen, ärgern und traurig sein können.

2. Seine zeichnerischen Fähigkeiten reichten dafür nicht aus.

1923 zogen die Disney-Brüder ins aufstrebende Hollywood und gründeten zum zweiten Mal eine Filmfirma. Und es gelang ihnen, Ub Iwerks als Mitarbeiter zu gewinnen. Die Arbeitsteilung sah so aus: Roy O. Disney war für die geschäftlichen Dinge verantwortlich; Walt Disney entwarf Pläne für Filme und skizzierte die Figuren. Ub Iwerks zeichnete sie.

Ihre ersten Produktionen waren nicht erfolgreich – bis sie die Maus erschufen, die zur berühmtesten der Welt wurde. Wie es dazu kam, wird bis heute in unterschiedlichen Geschichten erzählt, deren Wahrheitsgehalt nicht mehr nachgeprüft werden kann. Sicher ist, dass Micky Maus nur so erfolgreich wurde, weil Walt Disney etwas ganz Neues wagte: Mit »Steamboat

Willie« produzierte er 1928 den ersten Zeichentrickfilm als Tonfilm. Die Leute waren begeistert, der Film wurde ein sensationeller Erfolg. Damit war der Grundstein für weitere Filme gelegt, unter anderem entstand »Donald Duck«, der erste Film über die Bewohner von »Entenhausen«.

Diese Filme waren alle noch Kurzfilme, die im Vorprogramm von »richtigen« Filmen liefen. Nun wollte Walt Disney einen alten Traum verwirklichen: einen abendfüllenden Zeichentrickfilm in die Kinos bringen, der Kinder und Erwachsene gleichermaßen ansprechen sollte. Dafür wählte er das Märchen »Schneewittchen und die sieben Zwerge« als Vorlage. Die Produktion dauerte drei Jahre und war sehr aufwendig; 570 Zeichner fertigten über eine Million Einzelbilder an. Das kostete sehr viel Geld und brachte das Disney-Studio an den Rand des Ruins. Doch als der Film 1937 in die Kinos kam, zeigte sich schnell, dass sich das Risiko gelohnt hatte; er wurde zu einem Kassenschlager, spielte Millionen ein und wird bis heute von Jung und Alt gern gesehen.

Walt Disney produzierte noch viele Filme, für die er insgesamt 32 Oscars erhielt, so viel wie niemand sonst. Und er entwickelte 1955 mit »Disneyland« ein völlig neuartiges Konzept für Freizeitparks, in die heute weltweit jedes Jahr unzählige Besucher strömen.

Charles Lindbergh

(1902–1974)

Heute fliegen viele Menschen beruflich oder im Urlaub in ferne und fernste Länder. Manche denken sich nichts mehr dabei, wenn sie in ein Flugzeug steigen, andere sind vor dem Start nervös und spüren heftiges Kribbeln im Bauch. Vermutlich war auch Charles Lindbergh nervös, als er vor fast 90 Jahren in ein Flugzeug stieg, um einen Flug zu wagen, den vor ihm zwar schon andere gewagt, den aber noch keiner überlebt hatte. Dass er es überhaupt wagen und auch schaffen würde, hatte kaum jemand gedacht. Denn nach Stationen als Fallschirmspringer, Kunstflieger und Heeresflieger bei der Air Force verdiente Lindbergh seine Brötchen als Postpilot auf der Strecke St. Louis-Chicago und führte ein unspektakuläres Leben. Dann hörte er, dass ein reicher Hotelbesitzer dem Piloten 25.000 Dollar versprach, der als Erster von New York nach Paris in einem Nonstop-Alleinflug den Atlantik überquerte. Sowohl das Geld als auch die Herausforderung reizten Lindbergh. Aber woher sollte er ein Flugzeug dafür nehmen?

Weil der Gedanke an den Flug ihn nicht mehr losließ, suchte Lindbergh nach Geldgebern – heute würde man dazu Sponsoren sagen – und fand sie in neun flugbegeisterten Geschäftsleuten, die ihm den Bau einer geeigneten Maschine finanzierten. Getauft wurde sie auf den Namen »Spirit of St. Louis«.

Den ersten Probeflug unternahm Lindbergh am 28. April 1927 und war mit dem Ergebnis zufrieden. Nun konnte alles für den Start zum großen Abenteuer vorbereitet werden.

Am Morgen des 20. Mai 1927 startete Charles Lindbergh in New York zu dem 5800 Kilometer weiten Alleinflug nach Paris. Damit die Maschine so leicht wie möglich war, verzichtete er auf Navigations- und Funkgeräte. Nur mit Karten und Kompass ausgerüstet machte er sich auf den Weg.

Obwohl gutes Wetter vorhergesagt worden war, geriet er bald in einen Hagelsturm und überlegte, ob er umkehren sollte, tat es aber nicht. Auf halber Strecke waren die Tragflächen zeitweise so vereist, dass er nicht mehr lenken konnte. Und irgendwann wurde er müde, sehr müde. Doch er wusste, dass es ihn das Leben kosten könnte, wenn er einschlafen würde. Also kämpfte er gegen den Schlaf. Nach vielen, vielen Stunden über dem endlos scheinenden Ozean sah Lindbergh endlich Land unter sich. Er erkannte die irische Küste und war sehr erleichtert, denn nun hatte er es fast geschafft.

Als er nach 33,5 Stunden auf dem Pariser Flughafen Le Bourget landete, wurde er von einer begeisterten Menschenmenge empfangen. Die Zeitungen und Rundfunksender in aller Welt berichteten über den Flug; buchstäblich über Nacht wurde aus dem unbekannten Postflieger Charles Lindbergh ein berühmter Mann und ein Medienstar.

Die Rückkehr in seine Heimat glich einem Triumphzug. In New York wurde der neue Nationalheld mit einer Konfettiparade gefeiert. Die »New York Times« brachte eine 16-seitige Sonderausgabe über Lindbergh und seinen Flug heraus; das Magazin »Time« wählte ihn zum Mann des Jahres.

Bei einer der vielen Einladungen, die nun folgten, verliebte sich Lindbergh in Anne Spencer Morrow. Die beiden heirateten 1929 und wurden zum Traumpaar für die Medien. Als ein Jahr später ihr Sohn Charles Augustus geboren wurde, unterbrachen die Radiosender ihr Programm und berichteten über den Familienzuwachs.

Anfangs genoss Lindbergh das Interesse der Medien. Doch dann lernte er die Schattenseiten des Berühmtseins kennen: Am 1. März 1932 wurde der knapp zweijährige Charles Augustus entführt. Die Kidnapper forderten 50.000 Dollar Lösegeld, das die Lindberghs bezahlten, doch ihren Sohn bekamen sie nicht zurück; er wurde 73 Tage nach der Entführung tot in einem Wald gefunden.

Die Entführung des Lindbergh-Babys wurde von einem Medienrummel begleitet, wie es das noch nie gegeben hatte. Tag und Nacht belauerten Reporter das Haus der Familie, um eine Neuigkeit zu erhaschen. Auch nachdem der Fall abgeschlossen war, ließ das Interesse der Medien kaum nach. Deswegen flohen die Lindberghs schließlich nach Europa, um mehr Ruhe zu haben.

Hannah Arendt

(1906–1975)

Hannah war das einzige Kind des Ingenieurs Paul Arendt und seiner Frau Martha. Als sie nahe Hannover geboren wurde, deutete alles auf eine behütete Kindheit in einem gebildeten jüdischen Elternhaus hin. Vater und Mutter dachten fortschrittlich, auch was die Erziehung und Bildung von Mädchen betrifft.

Als Hannah knapp drei Jahre alt war, zeigte sich, dass ihr Vater an einer unheilbaren Krankheit litt. Die Familie zog nach Königsberg, wo die Großeltern väterlicherseits lebten. Hannah erlebte mit, wie die Krankheit ihren Vater immer mehr auszehrte, sodass er sich immer weniger mit ihr beschäftigen konnte. In dieser schweren Zeit wurde ihr Großvater für sie zum wichtigsten Menschen neben ihrer Mutter. Er holte seine Enkelin oft übers Wochenende ab, machte lange Spaziergänge mit ihr und erzählte ihr viele, viele Geschichten.

Dann starb der geliebte Großvater im März 1913 und ein halbes Jahr später starb auch der Vater. Nach außen hin schien Hannah beides gefasst aufzunehmen; sie zeigte keine Trauer, was ihre Mutter verunsicherte. Hannah zog sich zurück, wurde verschlossener, kränkelte oft und las viel.

Vermutlich liegt in den Erfahrungen, die sie schon als kleines Mädchen machen musste, der Schlüssel zu dem Satz, der zu ihrem Lebensmotto wurde: »Ich will verstehen!«

»Warum mussten mein Opa und mein Papa sterben?«, hat die kleine Hannah bestimmt unzählige Male gefragt und Antworten gesucht, auch in Büchern. In einem Interview hat sie 1964 gesagt: »Das Bedürfnis zu verstehen, das war sehr früh schon da. Sehen Sie, die Bücher gab es alle zu Hause, die zog man aus der Bibliothek.« Weil sie verstehen wollte, griff sie auch zu Büchern, für die sie eigentlich viel zu jung war. Schon mit 14 Jahren las sie Immanuel Kants »Kritik der reinen Vernunft« sowie Werke von Karl Jaspers, Søren Kierkegaard und der griechischen Philosophen.

»Philosophie stand fest. Seit dem 14. Lebensjahr«, sagte sie in dem oben erwähnten Interview. Und so begann sie 1924 an der Universität Marburg Philosophie, Theologie und Griechisch zu studieren. Dort lehrte Martin Heidegger, ein eigenwilliger, etwas kauziger Philosoph. Die 18-jährige Studentin Hannah Arendt war fasziniert von ihm und verliebte sich in ihn – und er sich in sie. Doch der 35-jährige Familienvater wollte weder seine Ehe noch seine Stellung gefährden, weshalb sie sich nur heimlich treffen konnten. Ein Jahr dauerte diese Liebesbeziehung, dann sah Hannah Arendt ein, dass sie den Mann nicht für sich gewinnen konnte, und verließ Marburg, um zuerst in Freiburg, dann in Heidelberg weiterzustudieren. 1928 schloss sie ihr Studium mit dem Doktor in Philosophie ab, zog anschließend nach Berlin und heiratete den Philosophen Günter Stern.

Als die *Nationalsozialisten* in Deutschland immer mächtiger wurden, war Hannah Arendt der Meinung, man müsse sie bekämpfen. Doch sie musste miterleben, wie viele Menschen – auch von den hochgebildeten – anders dachten und bei den

Nazis mitmachten. Das war eine der schlimmen Erfahrungen ihres Lebens. »Das Problem war doch nicht etwa, was unsere Feinde taten, sondern was unsere Freunde taten. Was damals in der Welle von *Gleichschaltung*, die ja ziemlich freiwillig war, jedenfalls noch nicht unter dem Druck des Terrors, vorging: Das war, als ob sich ein leerer Raum um einen bildete.«

Wie es dazu kommen konnte, das wollte sie verstehen. Sie hat darüber nicht nur lange nachgedacht, sondern ihr fast 1000 Seiten umfassendes Hauptwerk geschrieben: »Elemente und Ursprünge totaler Herrschaft«. Dieses Buch, das zuerst in den USA erschien, wo sie seit 1940 mit ihrem zweiten Mann lebte, machte sie weltberühmt.

Für Hannah Arendt ist das Kennzeichen des modernen Massenmenschen die geistige und soziale Heimatlosigkeit. Sie nennt das »Weltverlust«. Weil er nirgendwo heimisch ist, fehlt ihm die Orientierung für sein Handeln. Sein Selbstbewusstsein schrumpft, und deshalb ist er manipulierbar und kann »gleichgeschaltet« werden. Dann ist er zu allem fähig, auch dazu, Menschen auszugrenzen und zu töten, nur weil sie einer bestimmten Religionsgemeinschaft angehören.

Damit so etwas nicht mehr möglich ist, müssen die Menschen wieder »heimisch« werden, das heißt selbstständig denkend und handelnd ihr Leben und die Welt gestalten.

Frida Kahlo

(1907–1954)

Als junger Mann war der Vater von Frida Kahlo aus dem süddeutschen Städtchen Pforzheim nach Mexiko ausgewandert. In Mexiko-Stadt arbeitete Carl Wilhelm Kahlo als Fotograf, nannte sich Guillermo Kahlo und gründete eine Familie. Frida wurde als drittes der Kahlo-Kinder geboren. Ihre deutschen Wurzeln interessierten Frida Kahlo nicht; sie fühlte sich durch und durch als Mexikanerin. Das sieht man den meisten ihrer Bilder an. Sie erklärte sogar das Jahr 1910 zu ihrem Geburtsjahr, und zwar nicht aus Eitelkeit, sondern weil 1910 das Jahr der Mexikanischen Revolution war. Damit wollte sie dokumentieren, dass ihr Leben mit dem »neuen Mexiko« begonnen habe.

Tatsächlich wurde Frida am 6. Juli 1907 geboren. Im Alter von sechs Jahren erkrankte sie an Kinderlähmung und war neun Monate ans Bett gefesselt. Um die langen Tage etwas abwechslungsreicher gestalten zu können, schenkten ihr die Eltern einen Malkasten und installierten auf dem Bett eine Staffelei, sodass Frida im Liegen malen konnte. Aus dieser Zeit sind allerdings keine Bilder erhalten.

Eine Folge der Krankheit war ein kürzeres rechtes Bein, weshalb sie fortan humpelte. Nachdem sie die Krankheit überstanden hatte, freute sie sich auf die Schule und die anderen

Kinder. Sie wurde eine sehr gute Schülerin und wollte Medizin studieren. Da veränderte ein Unfall am 17. September 1925 ihr Leben radikal. Der Bus, mit dem Frida wie jeden Tag zur Schule fuhr, stieß mit einer Straßenbahn zusammen. Eine Eisenstange bohrte sich durch Fridas Unterleib, ihr Becken und ihre Wirbelsäule wurden so schwer verletzt, dass ihre Überlebenschance sehr gering war. Doch Frida schaffte es. Allerdings musste sie wieder monatelang im Bett liegen, diesmal in einem Gipskorsett, in dem sie sich kaum bewegen konnte. Und es folgten Operationen, viele Operationen. Insgesamt waren es 32 während ihres kurzen Lebens.

Wie als kleines Mädchen begann Frida Kahlo während der langen Monate im Krankenbett zu malen. Diesmal nicht mehr nur als Zeitvertreib, sondern um ihre Gedanken und Gefühle in Bildern auszudrücken. »Ich bin nicht gestorben, und außerdem habe ich etwas, wofür es sich zu leben lohnt«, sagte sie zu ihren Eltern. Das Malen wurde zu ihrem Lebensinhalt. Anfangs experimentierte sie noch mit Themen, Motiven und Farben. Doch schon bald stand sie selbst im Mittelpunkt der Bilder. »Ich male mich, weil ich sehr viel Zeit allein verbringe und weil ich das Motiv bin, das ich am besten kenne.« Damit sie sich beim Malen sehen konnte, wurde über ihrem Bett ein großer Spiegel aufgehängt. Ein Jahr nach dem Unfall entstand ihr erstes Selbstporträt, das »Selbstbildnis mit Samtkleid«. Es orientierte sich noch am herkömmlichen Stil der Porträtmalerei. Doch nach und nach entwickelte Frida Kahlo einen eigenen, ganz neuen Stil. Dabei verwendete sie auch Elemente der indianisch-mexikanischen Volkskunst, die manche ihrer Bilder auf den ersten Blick schwierig und etwas verrückt erscheinen lassen.

1928 lernte Frida Kahlo den bekannten mexikanischen Maler Diego Rivera kennen. Er war begeistert von ihren Bildern. Sie verliebte sich in den doppelt so alten Mann und ein Jahr später heirateten sie. Ihr größter Wunsch war nun ein Kind. Doch der blieb unerfüllt, weil sie als Folge ihres Unfalls keine Kinder bekommen konnte. Zu dieser Enttäuschung kam noch hinzu, dass ihr Mann immer wieder Verhältnisse mit anderen Frauen, sogar mit ihrer Schwester hatte. Auch diese bitteren Erfahrungen verarbeitete sie malend.

Im November 1938 zeigte eine New Yorker Galerie erstmals Bilder von Frida Kahlo. Die Leute waren begeistert. Ebenso bei einer Ausstellung in Paris. Die internationale Anerkennung tat Frida Kahlo gut. Doch ihr Körper bereitete ihr zunehmend Schwierigkeiten. Sie musste ständig ein Stahlkorsett tragen und weitere Operationen erdulden. Aber auch die konnten nicht verhindern, dass sie ab 1951 im Rollstuhl saß. Trotzdem malte sie, sooft es die Schmerzen zuließen.

Ihre etwa 140 Bilder erzählen von ihrem schwierigen, schmerzensreichen Leben und von der Geschichte des mexikanischen Volkes. Heute gilt Frida Kahlo als die bedeutendste Malerin Lateinamerikas.

Astrid Lindgren

(1907–2002)

An ihrem 80. Geburtstag kletterte Astrid Lindgren mit einer Freundin um die Wette auf einen Baum. Zu den staunenden Journalisten sagte sie lachend: »Es gibt schließlich kein Verbot für alte Weiber, auf Bäume zu klettern.«

Das war typisch für die berühmteste Kinderbuchautorin der Welt. Auch im hohen Alter hatte sie noch etwas von dem Mädchen, das gern spielte und Abenteuer erleben wollte – so wie die Kinder in ihren Büchern.

Die Tochter von Samuel August Ericsson und seiner Ehefrau Hanna hatte drei Geschwister. Alle lebten zusammen auf einem Bauernhof bei Vimmerby, einer kleinen Gemeinde im Süden Schwedens. »Es war schön, dort Kind zu sein, und schön, Kind von Samuel August und Hanna zu sein«, hat Astrid Lindgren über diese Zeit geschrieben. »Warum war es schön? Darüber habe ich oft nachgedacht, und ich glaube, ich weiß es. Zweierlei hatten wir, das unsere Kindheit zu dem gemacht hat, was sie gewesen ist – Geborgenheit und Freiheit. Gewiss wurden wir in Zucht und Gottesfurcht erzogen, so wie es dazumal Sitte war, aber in unseren Spielen waren wir herrlich frei und nie überwacht.«

»Spielplätze« für Astrid und die anderen Kinder waren Gärten, Scheunen, Dachböden, Seen, Bäche, Wiesen und Wälder.

»In der Natur ringsum war all das angesiedelt, was unsere Fantasie zu erfinden vermochte. Alle Sagen und Märchen, alle Abenteuer, die wir uns ausgedacht oder gelesen oder gehört hatten, spielten sich dort ab.«

Astrid wäre am liebsten immer Kind geblieben, doch auch sie wurde älter, was ihr sehr zu schaffen machte. »Ich merkte, dass ich erwachsen wurde, und das wollte ich nicht sein.«

Mit 15 machte sie ihren Abschluss in der Realschule, wusste aber nicht, was sie nun tun sollte. Weil sie nicht erwachsen sein wollte, hatte sie kein Berufsziel. So wurde sie erst mal »Haustochter« und half ihren Eltern bei der täglichen Arbeit.

Nach einigen Monaten fragte der Chefredakteur der Lokalzeitung, ob sie nicht Lust habe, in der Redaktion mitzuarbeiten. Da sie schon in der Schule gern Aufsätze geschrieben hatte, sagte sie zu. Und die Arbeit machte ihr Freude.

Mit 18 wurde Astrid schwanger, wollte aber den Vater des Kindes nicht heiraten. Weil das für die meisten Leute in Vimmerby unerhört und skandalös war, verließ sie ihre Heimat und zog nach Stockholm. Dort machte sie eine Ausbildung zur Sekretärin und brachte ihren Sohn Lars zur Welt. Allein in der fremden Großstadt konnte Astrid ihr Kind nicht so versorgen, wie es notwendig gewesen wäre. Deshalb gab sie Lars schweren Herzens in eine Pflegefamilie.

Die Erfahrungen dieser Jahre veränderten Astrid. »Ich begann zu erkennen, dass die Welt gar nicht so war, wie sie sein sollte. Ganz im Gegenteil.«

1928 bekam sie eine Stelle im »Königlichen Automobil-Club«, wo sie Sture Lindgren kennen und lieben lernte. 1931 heirateten sie und nahmen Lars zu sich; 1934 kam ihre

Tochter Karin zur Welt. Astrid Lindgren blieb zu Hause, war Mutter und Hausfrau.

Im Winter 1941 bekam Karin eine Lungenentzündung und lag wochenlang im Bett. Jeden Tag bat sie ihre Mutter, ihr eine Geschichte zu erzählen. Eines Tages fragte Astrid Lindgren, was sie denn heute hören wolle. Eine Geschichte von Pippi Langstrumpf, habe Karin geantwortet. »Sie hatte den Namen in diesem Augenblick erfunden, und ich begann zu erzählen, ohne zu fragen, was für eine Person diese Pippi Langstrumpf sei. Man hörte ja am Namen, dass es ein eigentümliches Mädchen war, und ein eigentümliches Mädchen wurde sie auch in meiner Geschichte.«

Als Astrid Lindgren im Frühjahr 1944 stürzte und mit einem verletzten Knöchel zu Hause liegen musste, schrieb sie die Geschichten von Pippi Langstrumpf auf, um sie ihrer Tochter zum zehnten Geburtstag zu schenken. Etwas später schickte sie einen Durchschlag des Manuskripts an einen Verlag – der es ablehnte, daraus ein Buch zu machen, »weil Pippi Langstrumpf ein schlechtes Beispiel für die Kinder wäre«. Der zweite Verleger war mutiger und veröffentlichte die Geschichte von dem Mädchen, wie es in der Bücherwelt bis dahin noch keines gegeben hatte.

Das Buch wurde zu einem völlig unerwarteten Erfolg, dem Astrid Lindgren viele weitere Bücher folgen ließ, die sie zur berühmtesten Kinderbuchautorin der Welt machten.

Simone de Beauvoir

(1908–1986)

»Man kommt nicht als Frau zur Welt, man wird dazu gemacht.« Dieser Satz ist die Kernaussage des Buches »Das andere Geschlecht«, in dem Simone de Beauvoir ihre Sichtweise von der Unterdrückung der Frauen durch die Männer darlegt.

Sie selbst kam am 9. Januar 1908 als erste Tochter von Georges und Françoise de Beauvoir in Paris zur Welt. Ihre Eltern gehörten zum wohlhabenden Bürgertum, ihr Vater war Jurist, ihre Mutter Bibliothekarin; sie übte den Beruf nach der Heirat allerdings nicht mehr aus, sondern blieb zu Hause, wie es sich für Frauen dieses Standes gehörte. Für die Hausarbeit hatte man Dienstpersonal, um die kleine Simone kümmerte sich ein Kindermädchen.

Schon mit fünf Jahren besuchte sie eine katholische Mädchenschule. Und bald zeigte sich, dass Simone auf Gebote und Verbote, deren Sinn sie nicht einsah, ablehnend reagierte. Dabei neigte sie zu Wutanfällen. »Überall traf ich auf Zwang, jedoch nirgends auf Notwendigkeit«, schrieb sie später über diese Zeit. »Indem ich mich strampelnd zu Boden warf, stemmte ich mich mit dem Gewicht meines Leibes gegen die nicht zu fassende Macht, die mich tyrannisierte; ich zwang sie dazu, Gestalt anzunehmen; man packte mich, sperrte mich in die dunkle Kammer, wo sonst Besen und Staubwedel waren.«

Natürlich war sie den Erwachsenen als Kind unterlegen; doch schon hier zeigte sich ein Wesenszug, der ihr ganzes Leben bestimmen sollte: Simone de Beauvoir war nie bereit, sich einfach an die herrschenden Normen zu halten, ohne sie zu hinterfragen.

Je älter sie wurde, desto klarer wurde für Simone, dass sie als Frau einmal nicht so leben würde wie ihre Mutter. Ein solches Leben schien ihr sinnlos. Deswegen schloss sie auch schon als Jugendliche für sich aus, später Kinder zu bekommen, um nicht in einen Kreislauf zu geraten, in dem sich alles wiederholte und nichts Neues passierte.

In dieser Zeit begann sie auch an den Lehren der katholischen Kirche und an Gott zu zweifeln. »Mit einem Male war ich mir klar darüber, dass nichts mich zum Verzicht auf die irdischen Freuden vermögen würde. ›Ich glaube nicht mehr an Gott‹, sagte ich mir ohne allzu großes Erstaunen.«

Von alldem bekam ihre Umwelt anfangs kaum etwas mit, denn Simone lernte weiterhin fleißig und war eine sehr gute Schülerin. Nach dem Abitur studierte sie – gegen den Widerstand ihrer Eltern – Philosophie, weil sie »der Wahrheit auf die Spur kommen« wollte. Das Examen schloss sie als Zweitbeste ab; übertrumpft wurde sie nur von Jean-Paul Sartre (1905–1980), dem später weltberühmten Philosophen. Mit ihm freundete sie sich an, zu Hause zog sie aus, mietete ein möbliertes Zimmer und genoss ihre Unabhängigkeit. Täglich traf sie sich mit Sartre. Die beiden zogen sich geistig und körperlich an und entwickelten eine völlig neuartige Beziehung: Sie schlossen einen »Pakt«, dass sie als gleichberechtigte Partner miteinander leben wollten, allerdings in getrennten Wohnungen, ohne zu heiraten und ohne Kinder. Und beide erlaubten sich, nebenbei auch andere Beziehungen zu haben. Der »Pakt« sollte zuerst für zwei Jahre gelten und verlängert werden, wenn beide es wollten.

Weil sie damit gegen alle herrschenden Vorstellungen vom Zusammenleben eines Paares verstießen, sorgten sie für viel Aufsehen und Empörung. Doch darum kümmerte sich das ungewöhnliche Paar nicht. Sie führten lange Gespräche über gesellschaftliche und philosophische Fragen. Ob sie ihn oder er sie mehr beeinflusst hat, lässt sich schwer sagen. Ganz sicher ist, dass sie sich gegenseitig inspiriert und weitergebracht haben. Beide unterrichteten Philosophie, schrieben Romane und Aufsätze. Das wichtigste Buch von Simone de Beauvoir erschien 1947. In »Das andere Geschlecht« untersuchte sie auf 700 Seiten die Rolle der Frau und ihre jahrhundertelange Abhängigkeit von der männlichen Vorherrschaft. Sie forderte grundlegende gesellschaftliche Veränderungen und die Selbstverwirklichung der Frau. Das Buch war damals ein Skandal, Simone de Beauvoir wurde von Männern beschimpft und verspottet. Aller Häme zum Trotz verbreiteten sich ihre Gedanken rasch und machten sie zur bedeutendsten Theoretikerin der *Frauenbewegung* des 20. Jahrhunderts.

Konrad Zuse

(1910–1995)

Die meisten Menschen in allen Teilen der Welt können sich ein Leben ohne Computer nicht mehr vorstellen. Und junge Menschen können kaum glauben, dass es noch vor 50 Jahren keinen Computer im heutigen Sinn gab. In diesen 50 Jahren haben sich die ursprünglichen Rechenmaschinen so rasant entwickelt und unser Leben so dramatisch verändert, dass man schon von einer neuen geschichtlichen Epoche spricht: dem digitalen Zeitalter. Am Beginn dieser Entwicklung stand ein Mann, der heute zu Unrecht weitgehend vergessen ist: Konrad Zuse.

Er war der Sohn des Postbeamten Emil Wilhelm Albert Zuse und dessen Ehefrau Maria. Sein Vater wurde von Berlin-Wilmersdorf nach Braunsberg in Ostpreußen und einige Jahre später nach Hoyerswerda in Sachsen versetzt, wo Konrad 1928 sein Abitur machte. Anschließend studierte er an der Technischen Hochschule Charlottenburg Maschinenbau, wechselte dann zur Architektur, weil sie ihm ein kreativerer Bereich zu sein schien. Schließlich wechselte der »Bummelstudent«, wie er sich selbst nannte, erneut das Fach und wurde Bauingenieur.

Bei den Henschel Flugzeugwerken in Berlin-Schönefeld bekam er eine Stelle als Statiker. Zu seinen Aufgaben gehörte es herauszufinden, wie Tragflächen beschaffen sein müssen, damit sie stabil genug sind, um Flugzeuge in der Luft zu halten. Dafür musste er seitenlange statistische Berechnungen durchführen. Das war eine ziemlich eintönige Arbeit. Weil Konrad Zuse nach eigenen Worten »zu faul zum Rechnen« war, überlegte er, ob ihm nicht eine Maschine diese lästige Arbeit abnehmen könnte. Doch so eine Maschine gab es noch nicht. Also wollte Zuse eine entwickeln. Weil ihm das neben seiner Arbeit zu langsam voranging, kündigte er seine Stelle und sagte seinen Eltern, er brauche das Wohnzimmer, um eine Rechenmaschine zu bauen. Was sie dazu gesagt haben, ist nicht überliefert, aber man kann es sich ungefähr denken.

Von 1936 bis 1938 baute Zuse die erste programmierbare Rechenmaschine der Welt und nannte sie Z1. Sie gilt als Vorläufer des modernen Computers. Die Z1 arbeitete als erster Rechner mit einem »binären Zahlensystem«, das heißt, sie benutzte zur Darstellung von Zahlen nur die Ziffern 0 und 1. Hier ein paar Beispiele: 1 = 0001, 2 = 0010, 3 = 0011, 4 = 0100, 5 = 0101. Heute arbeiten alle Computer mit dem binären Code.

Die Z1 besaß auch schon die Grundbestandteile der heutigen Computer: ein Ein- und Ausgabewerk, ein Rechenwerk, ein Speicherwerk und ein Programmwerk. Sie las Programme von gelochten Kinofilmstreifen ab.

Der Kasten aus Blech und Glas war zwei mal zwei Meter groß und kostete nicht nur viel Arbeit, sondern auch viel Geld. Ohne die Hilfe seiner Eltern, seiner Schwester und ein paar guter Freunde hätte Konrad Zuse ihn nicht fertiggebracht.

Die Z1 arbeitete noch nicht zuverlässig, weil die Bauteile oft nicht 100-prozentig passten. Mal klemmte es da, mal hakte es dort. Das war allerdings kein Wunder, denn Zuse hatte

Tausende Blechteile mit Metallsägen und Feilen selbst hergestellt. Die waren natürlich längst nicht so präzise, wie es notwendig gewesen wäre. Doch er ließ sich nicht entmutigen und machte sich daran, eine bessere Maschine zu bauen.

Die Z1 wurde im Zweiten Weltkrieg zerstört. Ein Nachbau steht heute im Berliner Museum für Verkehr und Technik.

Hitlers *Nationalsozialisten* wurden auf den Erfinder Zuse aufmerksam und förderten nun seine Arbeit. Nach dem Zwischenmodell Z2 präsentierte er am 12. Mai 1941 mit dem Z3 den ersten programmierbaren Rechner. Er war zwar immer noch so groß wie ein Kleiderschrank, funktionierte aber dank der verbesserten Technik reibungslos.

Auch dieser erste funktionsfähige Computer der Welt wurde im Krieg zerstört. Doch Zuse arbeitete schon am Z4, und er entwickelte zwischen 1942 und 1946 unter dem Namen »Plankalkül« die erste Programmiersprache der Welt.

Trotz dieser bahnbrechenden Beiträge zur Entwicklung der modernen Kommunikation wurde Konrad Zuse weder reich noch berühmt. Man könnte ihn ein »verkanntes Genie« nennen – auch wenn er 2003 im ZDF auf Platz 15 der größten Deutschen gewählt wurde.

Willy Brandt

(1913–1992)

Willy Brandt hieß eigentlich Herbert Frahm und war der uneheliche Sohn der Verkäuferin Martha Frahm. Er sah sich selbst als ein »Kind aus dem Chaos«. Seinen Vater hat er nie gesehen, seine Mutter hatte wenig Zeit für ihn und gab ihn häufig bei Nachbarn ab. In einem Interview nannte er sie später einmal »die Frau, die meine Mutter war«.

Nach dem Ende des Ersten Weltkriegs im November 1918 kehrte Ludwig Frahm, der Mann, den Herbert für seinen Großvater hielt, nach Hause zurück. In Wirklichkeit war er »nur« der Stiefgroßvater, denn auch Herberts Mutter war ein uneheliches Kind. Weil Ludwig Frahm sich nun um den Jungen kümmerte wie noch niemand zuvor, nannte Herbert ihn Papa.

Ludwig Frahm war Sozialdemokrat und weckte in seinem Stiefsohn schon früh das Interesse für Politik. Er sorgte auch dafür, dass der Junge eine ordentliche Schulausbildung bekam. Herbert durfte sogar das Johanneum in Lübeck besuchen und Abitur machen. Für Arbeiterkinder, zumal für ein »Kind aus dem Chaos«, war das damals sehr ungewöhnlich.

Als er 13 Jahre alt war, erschien im »Lübecker Volksboten« sein erster Artikel. Und bald schrieb er regelmäßig für diese sozialdemokratische Tageszeitung, um damit ein wenig Geld zu verdienen. Mit 17 trat er in die SPD ein, wechselte ein Jahr später zur »*Sozialistischen* Arbeiterpartei« (SAP) und wurde Vorsitzender des Lübecker Jugendverbandes.

Als die *Nazis* 1933 an die Macht kamen, verboten sie die SAP und sperrten ihre führenden Köpfe ein. Herbert Frahm konnte noch rechtzeitig über Dänemark nach Norwegen fliehen. Um seine Spuren zu verwischen, nannte er sich von da an Willy Brandt.

In Oslo studierte er Geschichte und schrieb Artikel, in denen er über die Nazis aufklärte. Als norwegischer Student reiste er auch wieder nach Deutschland, um die SAP, die im *Untergrund* gegen die Nazis arbeitete, zu unterstützen.

Im April 1940 marschierten deutsche Truppen in Norwegen ein. Willy Brandt wurde verhaftet und kam in deutsche Kriegsgefangenschaft. Weil seine wahre Identität von den Nazis nicht erkannt wurde, ließen sie ihn nach einigen Monaten frei, und er setzte sich nach Stockholm ab. Dort erlebte er das Ende des Krieges und das Ende des *Dritten Reiches.*

Für Willy Brandt war klar, dass es nach zwölf Jahren Nazi-*Diktatur* nun galt, einen neuen, demokratischen Staat aufzubauen. Daran wollte er mitarbeiten. Seinen Decknamen behielt er, hieß nun offiziell Willy Brandt und trat wieder in die SPD ein. In Berlin, wo er mit seiner zweiten Frau Rut und seinem Sohn Peter lebte, wurde er 1949 als Abgeordneter in den ersten Deutschen Bundestag gewählt. Bundestagsabgeordneter blieb er bis 1957. Dann übernahm er eines der schwierigsten Ämter im Nachkriegsdeutschland: Er wurde Regierender Bürgermeister von Berlin. Als solcher musste er im August 1961 miterleben, wie die Teilung der Stadt durch den Bau einer *Mauer* zementiert wurde. Noch im gleichen Jahr formulierte er gemeinsam mit seinem engsten Mitarbeiter Egon Bahr erstmals Gedanken zu einer »Neuen Ostpolitik«. Durch eine »Politik der kleinen Schritte« sollten die beiden deutschen Staaten *BRD* und *DDR* und die östlichen Nachbarstaaten die Konfrontation überwinden, miteinander sprechen und sich langsam näherkommen. Das erste Ziel war, dass die Menschen wieder »von hüben nach drüben« konnten und umgekehrt. Doch Willy Brandt hatte noch ein viel größeres Ziel, eine Vision: die Aussöhnung mit den östlichen Nachbarn und ein wiedervereinigtes Deutschland.

Als er 1969 – nach zwei vergeblichen Anläufen – zum ersten sozialdemokratischen Bundeskanzler der *Bundesrepublik Deutschland* gewählt wurde, setzte er diese Politik gegen heftigen Widerstand von CDU/CSU und Teilen der Bevölkerung Schritt für Schritt um. Für seine Entspannungs- und Aussöhnungspolitik erhielt er 1971 den Friedensnobelpreis.

Willy Brandt war ein entscheidender Wegbereiter für das, was im Herbst 1989 geschah: den Fall der Berliner Mauer. Am 10. November 1989 sagte er in einer bewegenden Rede vor dem Brandenburger Tor mit Tränen in den Augen: »Jetzt wächst zusammen, was zusammengehört.«

Nelson Mandela

(1918–2013)

Im Juni 1964 wurde Nelson Mandela zu lebenslanger Haft verurteilt, obwohl er weder jemanden umgebracht noch ein anderes schweres Verbrechen begangen hatte. Trotzdem war er für die südafrikanische Regierung einer der schlimmsten Verbrecher des Landes. Warum? Weil er sich seit seiner Jugend für die Rechte der Schwarzen einsetzte.

In Südafrika lebten nach dem Zweiten Weltkrieg etwa vier Millionen Weiße, die das Land beherrschten und die mehr als 40 Millionen Schwarzen unterdrückten. Ab 1948 wurden immer schärfere Gesetze erlassen, die dazu dienten, die Vorrechte der Weißen noch auszubauen und die wenigen Rechte der Schwarzen zu beschneiden. Sie durften sich nicht politisch betätigen und nicht wählen. Mischehen wurden verboten. Für Schwarze wurden besondere Wohngebiete angelegt, die sogenannten Homelands. In öffentlichen Verkehrsmitteln durften sie nur bestimmte Abteile benutzen, und sie mussten einen speziell gekennzeichneten Pass bei sich tragen. Öffentliche Orte wurden mit Schildern in Bereiche für Weiße und Nicht-Weiße getrennt. Und es gab getrennte Schulen mit unterschiedlich qualifizierten Lehrkräften. Das alles nennt man Apartheid.

Nun gab es in Südafrika seit 1912 den »African National Congress«, kurz ANC genannt, der sich für die Rechte der

Schwarzen einsetzte. 1944 trat Nelson Mandela dieser Organisation bei und wurde bald zu einem der Wortführer. Er wollte mit den gleichen Methoden, mit denen **Mahatma Gandhi** erfolgreich war, gegen die Apartheidpolitik vorgehen: mit friedlichen Demonstrationen, Massenprotesten und Streiks.

1952 wurde er erstmals zu einer Haftstrafe verurteilt, allerdings noch auf Bewährung. Er durfte sich aber nicht mehr politisch betätigen.

Mandela, der an einer Universität für Schwarze Jura studiert hatte, eröffnete im gleichen Jahr mit seinem Freund Oliver Tambo in Johannesburg die erste »schwarze Anwaltskanzlei« Südafrikas. Weil ihre Mandanten meistens arm waren, verdienten sie nicht viel. Mandela wohnte mit seiner Frau, den drei Kindern, seiner Mutter und seiner Schwester in einer kleinen Wohnung, wo es an allem fehlte. Seine Frau warf ihm vor, sich mehr um seine Mandanten und um die Politik als um die Familie zu kümmern, und verließ ihn.

Am 21. März 1960 erschossen Polizisten bei einer friedlichen Demonstration in einem Vorort von Johannesburg 69 Schwarze. Die Regierung rief das Kriegsrecht aus und verbot den ANC. Nun glaubte Mandela nicht mehr, dass sie mit friedlichen Mitteln etwas erreichen würden. Er und seine Mitstreiter gingen in den *Untergrund*. Sie besorgten sich Waffen und Sprengstoff und verübten Sabotage-Anschläge. Dabei wurden sie erwischt, vor Gericht gestellt und – wie oben erwähnt – zu lebenslanger Haft verurteilt.

Nach 19 Jahren machte die Regierung dem inzwischen weltweit bekannten Mandela ein Angebot: Wenn er schwor, den

Kampf aufzugeben, würde er entlassen. Mandela lehnte ab – und blieb weitere acht Jahre in Haft.

Weil der internationale Druck auf die Regierung immer stärker wurde, nahm sie einige Apartheidgesetze zurück, ließ Mandela und die anderen politischen Gefangenen im Februar 1990 frei und den ANC wieder zu. Noch am Tag seiner Freilassung hielt der 72-jährige Mandela vor 120.000 Zuhörern in einem Stadion eine Rede, in der er – nach 27 Jahren im Gefängnis – zur Versöhnung aufrief. Er forderte Weiße und Schwarze auf, an der Schaffung eines »nichtrassischen, geeinten und demokratischen Südafrika mit allgemeinen, freien Wahlen und Stimmrecht für alle« mitzuarbeiten. Und schneller, als das jemand für möglich gehalten hatte, wurde sein Traum wahr. Zusammen mit dem weißen Staatspräsidenten Frederik de Klerk leitete er die Verhandlungen zur Abschaffung der Apartheid und zur Erarbeitung einer demokratischen Verfassung. Dafür erhielten sie 1993 gemeinsam den Friedensnobelpreis. Bei den ersten freien Wahlen am 27. April 1994 gewann der ANC die absolute Mehrheit und Nelson Mandela wurde vom Parlament zum Staatspräsidenten gewählt. Für viele Menschen in Südafrika und in der ganzen Welt war das wie ein Wunder.

Hans und Sophie Scholl

(1918–1943 und 1921–1943)

In dem württembergischen Städtchen Forchtenberg lebte von 1919 bis 1930 die Familie Scholl. Der Vater war Bürgermeister, die Mutter Krankenschwester. Sie erzogen ihre fünf Kinder im christlichen Glauben zu frei denkenden jungen Menschen. Dazu gehörte auch die Beschäftigung mit Literatur, Kunst und Musik.

Nachdem Robert Scholl nicht wiedergewählt wurde, zog die Familie zunächst nach Ludwigsburg und 1932 nach Ulm, wo der Vater als Steuerberater und Wirtschaftsprüfer tätig war.

In Ulm erlebte die Familie den Aufstieg Adolf Hitlers zum Reichskanzler und die folgenden Maßnahmen, mit denen die *Nationalsozialisten* die Macht in Deutschland übernahmen.

Vater und Mutter Scholl lehnten den Nationalsozialismus ab. Der Vater warnte seine Kinder: »Glaubt ihnen nicht, sie sind Wölfe und Bärentreiber, und sie missbrauchen das deutsche Volk schrecklich!«

Doch die Kinder waren von den Parolen und vom Aufbruch in eine neue Zeit sehr beeindruckt. Viele Jahre später schrieb die älteste Schwester Inge Aicher-Scholl: »Wir hörten viel vom Vaterland reden, von Kameradschaft, Volksgemeinschaft und Heimatliebe. Das imponierte uns, und wir horchten begeistert auf, wenn wir in der Schule oder auf der Straße davon sprechen hörten. Denn unsere Heimat liebten wir sehr ... Aber es gab noch etwas anderes, was uns mit geheimnisvoller Macht anzog und mitriss. Es waren die marschierenden Kolonnen der Jugend mit ihren wehenden Fahnen, den vorwärtsgerichteten Augen und dem Trommelschlag und Gesang. War das nicht etwas Überwältigendes, diese Gemeinschaft? So war es kein Wunder, dass wir alle, Hans und Sophie und wir anderen, uns in die *Hitlerjugend* einreihten.«

Die Scholl-Kinder wurden aktive Mitglieder in den nationalsozialistischen Jugendverbänden, Hans und Inge nahmen bald Führungspositionen ein. Ihre jüngere Schwester Sophie eiferte ihnen nach.

Eines Tages wurde Hans von einem höheren HJ-Führer verboten, am Lagerfeuer auch russische und polnische Lieder zu spielen und aus Büchern von Heinrich Heine, Stefan Zweig und Kurt Tucholsky zu lesen. Da kamen ihm erste Zweifel. Und als er davon erfuhr, dass Bücher von Autoren verbrannt wurden, die bei ihm zu Hause im Regal standen, wuchsen diese Zweifel.

Auch seine Schwester Sophie machte neue Erfahrungen: Sie hatte eine Schulfreundin, die der jüdischen Gemeinde angehörte. Nun sollte sie mit diesem Mädchen nicht mehr befreundet sein und jeden Kontakt vermeiden. Das fand sie schlimm. Und bald wurde ihr klar, dass nicht nur sie und ihre Freundin betroffen waren, sondern viele Menschen jüdischen Glaubens. Da fragte sie sich, ob der Nationalsozialismus wirklich gut für die Menschen war.

Nach langen Gesprächen mit den Eltern entfernten sie sich immer mehr von den nationalsozialistischen Gedanken. Und als sie 1937 verhaftet wurden, weil sie Kontakt zu einer verbotenen Jugendgruppe hatten, lösten sie sich endgültig davon.

Im Mai 1939 begann Hans Scholl in München ein Medizinstudium. Im Sommer 1940 und im Sommer 1942 musste er als Sanitäter Kriegsdienst leisten. Was er dabei erlebte, machte ihn zum Gegner des NS-Systems. Zusammen mit einigen Gleichgesinnten gründete er die Widerstandsgruppe »Weiße Rose«.

Auch Sophie Scholl studierte seit 1942 in München Philosophie und Biologie und schloss sich der Gruppe an, obwohl ihr Bruder dagegen war, weil er es für zu gefährlich hielt.

Von Juni 1942 an druckten und verteilten sie Flugblätter, in denen sie auf die NS-Verbrechen hinwiesen und zum Widerstand aufriefen. Am 18. Februar 1943 wurden Hans und Sophie dabei vom Hausmeister der Universität beobachtet und verraten. Kurz danach wurden sie verhaftet und vier Tage später zum Tod durch das Fallbeil verurteilt. Noch am selben Tag wurde das Urteil vollstreckt. Nach Augenzeugenberichten gingen Hans und Sophie Scholl erhobenen Hauptes zur Hinrichtung. »Es lebe die Freiheit!«, soll Hans laut gerufen haben.

Hermann Gmeiner

(1919–1986)

Viele Schulen tragen seinen Namen und wollen damit zeigen, dass er ein besonderer Mensch war. Dabei hat er weder etwas Neues entdeckt noch etwas Wichtiges erfunden, noch eine weltbewegende Theorie entwickelt. Er hat etwas viel Einfacheres und zugleich Schwierigeres getan: Er hat vielen Kindern in der ganzen Welt geholfen.

Hermann Gmeiner wurde am 23. Juni 1919 als sechstes Kind einer armen Bergbauernfamilie in Alberschwende, einem kleinen Dorf im österreichischen Vorarlberg, geboren. Als er fünf Jahre alt war, starb seine Mutter bei der Geburt des neunten Kindes. Hermann war noch zu jung, um wirklich zu begreifen, was das bedeutete; aber er war schon alt genug, um zu spüren, wie sehr die Mutter fehlte. Nach allem, was wir wissen, hat er sehr unter dem Tod der Mutter und ihrem Fehlen gelitten.

Wie oft in solchen Fällen musste die älteste Tochter die Mutterrolle übernehmen. Und Elsa tat das wohl vorbildlich. Hermann Gmeiner erzählte später oft, die Idee für die SOS-Kinderdörfer sei seiner Mutter und seiner Schwester Elsa zu verdanken. Vor allem dank seiner »Ersatzmutter«, die zu seiner wichtigsten Bezugsperson wurde, fühlte er sich geborgen und entwickelte sich gut.

Dem Lehrer in der Dorfschule fiel auf, dass Hermann sehr intelligent war. Doch an eine höhere Schule oder gar an ein Studium war bei einem armen Bergbauernjungen mit acht Geschwistern nicht zu denken. Zum Glück gab es für solche Kinder schon damals Stipendien, die ihnen den Besuch eines Gymnasiums ermöglichten. Hermann Gmeiner erhielt so ein Stipendium und konnte ans Gymnasium in Feldkirch wechseln.

Bevor er dort die *Matura* ablegen konnte, begann am 1. September 1939 der Zweite Weltkrieg, und wie Millionen andere junge Männer musste auch Hermann Gmeiner Soldat werden.

Er wurde mehrmals verwundet und erlebte das Kriegsende im Mai 1945 in einem Lazarett in Bregenz. Im November durfte er nach Hause und half seinem Vater auf dem Bauernhof. Doch weil er im Krieg so viel Elend gesehen hatte, wollte er unbedingt Medizin studieren, um den Menschen zu helfen. Er holte die Matura nach und begann im Herbst 1946 ein Medizinstudium in Innsbruck. Daneben engagierte er sich in der kirchlichen Jugendarbeit. Dabei erlebte er hautnah, wie viele Kinder, die ihre Eltern im Krieg verloren hatten, nun in kasernenartigen Heimen untergebracht waren und wie sie dort behandelt wurden. Ihre Not und Verlassenheit taten ihm weh. Solche Heime waren seiner Meinung nach nicht geeignet, um Kindern und Jugendlichen beim Heranwachsen so zu helfen, wie sie es verdient hatten. Er erinnerte sich an seine eigene Kindheit und wie seine große Schwester für ihn und seine Geschwister gesorgt hatte. So ähnlich sollte für alle Kinder gesorgt werden, dachte er und überlegte, wie das zu machen wäre. Langsam reifte in ihm eine Idee: Am besten wäre es für jedes Kind, wenn es eine Mutter und Geschwister hätte, mit denen es in einem Haus aufwachsen könnte. Für die Waisenkinder müsste man also Ersatzmütter, Ersatzgeschwister und Ersatzelternhäuser schaffen, die möglichst innerhalb einer Dorfgemeinschaft stehen. Für diese Idee warb Hermann Gmeiner und sammelte Geld, um sie verwirklichen zu können. Am 25. April 1949 gründete er den »Verein SOS-Kinderdorf«, der zum Ziel hatte, ein Dorf für Waisenkinder zu errichten. Im gleichen Jahr gab er sein Medizinstudium auf und arbeitete wie ein Besessener für das Projekt. Schon bald hatte er so viele Spenden gesammelt, dass der Bau des ersten Hauses in der Tiroler Gemeinde Imst beginnen konnte, das am 15. April 1951 eröffnet wurde.

Diesem ersten SOS-Kinderhaus folgen weitere Häuser und ganze Dörfer, zuerst nur in Österreich, dann in Deutschland und schließlich in der ganzen Welt.

Heute gibt es in 133 Ländern 533 SOS-Kinderdörfer, in denen über 60.000 Mädchen und Jungen gut behütet aufwachsen – und es werden jedes Jahr mehr.

Christiaan Barnard

(1922–2001)

Das Herz ist ein ganz besonderes Organ. Es gibt kaum einen Dichter, der es nicht bedichtet hätte.

Schiller lobte: »Das treue Herz, das trostlos sich verzehrt«.

Goethe schrieb: »Doch ach, schon mit der Morgensonne
verengt der Abschied mir das Herz.
In deinen Küssen welche Wonne!
In deinem Auge welcher Schmerz!«

Auch in allen Sparten der Musik wird das Herz besungen. Von »Dein ist mein ganzes Herz ...« über »Ich hab mein Herz in Heidelberg verloren ...« bis zum »Herz-an-Herz-Gefühl« im Siegertitel von »Deutschland sucht den Superstar«.

Zum wirklichen Superstar wurde 1967 der südafrikanische Arzt Christiaan Barnard, der Herzen nicht bedichtete oder besang, sondern operierte.

Christiaan war der Sohn einer protestantischen *Missionar*sfamilie in Südafrika. Er wuchs mit drei Brüdern in einfachen Verhältnissen auf, besuchte die Highschool in seiner Heimatstadt Beaufort-West und studierte Medizin an der Universität Kapstadt, wo er anschließend als Assistenzarzt arbeitete. Dann ging er in die USA und ließ sich an der Universität von Minnesota zum Chirurgen ausbilden. Dort lehrte Professor Lillehei, ein führender Herzchirurg seiner Zeit. Unter dessen Anleitung führte Christiaan Barnard seine ersten Operationen an offenen Herzen durch und wendete dabei die neuesten Techniken an.

1958 kehrte er nach Kapstadt zurück und arbeitete in der chirurgischen Abteilung des Groote Schuur Hospitals. In den folgenden Jahren operierte er etwa 1000 Menschen am offenen Herzen und setzte dabei auch neuartige Herzklappen ein. Außerdem experimentierte er mit Tieren und erprobte Herztransplantationen zwischen Hunden. Denn sein großes Ziel war inzwischen, menschliche Herzen zu verpflanzen. Und er wusste, dass es in den USA einige Chirurgen gab, die ebenfalls darauf hinarbeiteten.

Am 2. Dezember 1967 wurde die 25-jährige Denise Darvall direkt vor dem Groote Schuur Hospital überfahren und lebensgefährlich verletzt. Als die Ärzte am nächsten Tag den Hirntod feststellten, sah Barnard die große Chance für eine Transplantation gekommen – und der Vater von Denise Darvall willigte ein. In einer fünfstündigen Operation wurde ihr Herz von einem 31-köpfigen Transplantationsteam entnommen und in den Patienten Louis Washkansky verpflanzt. Die Operation verlief erfolgreich, und Washkansky war der erste Mensch, in dem ein fremdes Herz schlug. Damit wurden er und vor allem Christiaan Barnard über Nacht weltberühmt. Der Patient überlebte den Eingriff nur 18 Tage und starb an einer Lungenentzündung. Danach gab es heftige Kritik an Barnard. Einige Kollegen warfen ihm vor, er habe übereilt und fahrlässig gehandelt, nur um als Erster eine Herztransplantation durchzuführen und damit in die Medizingeschichte einzugehen. Ob die Vorwürfe berechtigt waren, lässt sich nicht beweisen. Barnard reagierte darauf mit der nächsten Transplantation. Am 2. Januar 1968 pflanzte er dem Zahnarzt Philip Blaiberg das Herz eines jungen Arbeiters ein. Auch diese Operation war erfolgreich, der Patient lebte noch 19 Monate. Damit hat Barnard endgültig bewiesen, dass Herztransplantationen zwischen Menschen möglich sind. Das Hauptproblem war nun, die Abstoßung eines neuen Herzens durch den Körper zu verhindern, damit die Empfänger länger leben konnten.

Dass Barnard die Herztransplantationen ohne sein hervorragendes Team nicht geschafft hätte, ist jedem klar. Trotzdem wurde er kritisiert, weil er nicht wenigstens seinen Assistenten Hamilton Naki heraushob und den Erfolg mit ihm teilte. Naki war ein Schwarzer, der im damaligen Südafrika, in dem **Nelson Mandela** schon seit Jahren für Gleichberechtigung kämpfte, eigentlich gar nicht in einem Operationssaal für Weiße hätte stehen dürfen. Auch deshalb wurde sein Anteil an den Herztransplantationen lange verschwiegen. Doch Barnard wusste, was er an Naki hatte, und sagte das später auch öffentlich: »Er war ein sehr fähiger junger Mann. Schließlich konnte er ein Herz verpflanzen. Manchmal besser als die Assistenzärzte, die zu uns kamen.«

Martin Luther King jr.

(1929–1968)

Mit einem Zusatzartikel zur Verfassung wurde die Sklaverei in den Vereinigten Staaten von Amerika im Jahre 1865 abgeschafft. Drei Jahre später erhielten die ehemaligen Sklaven auch sämtliche Bürgerrechte und waren damit eigentlich den weißen Bürgern gleichgestellt. Aber eben nur eigentlich und auf dem Papier. Vor allem in den Südstaaten änderte sich im Alltag für viele Schwarze kaum etwas. Auf den Plantagen wurden sie weiterhin wie Sklaven behandelt. Es dauerte noch 100 Jahre, bis sich ihre Lage grundlegend änderte. Und daran hatte der Baptistenpastor Martin Luther King jr. einen großen Anteil.

Getauft worden war er auf den Namen Michael King, genau wie sein Vater. Der änderte seinen Vornamen und den seines Sohnes, um damit deutlich zu machen, wie sehr er den deutschen Reformator Martin Luther verehrte.

Martin Luther sr. hatte sich vom Tagelöhner zum Baptistenprediger hochgearbeitet und die Tochter eines Pastors geheiratet. Die Kings gehörten zu den bessergestellten schwarzen Familien in Atlanta. Besonders wichtig war den Eltern, ihren drei Kindern eine gute Schul- und Ausbildung zu ermöglichen.

Einmal ging der Vater mit dem kleinen Martin in ein Schuhgeschäft. Der Besitzer drängte sie hinter einen Vorhang und sagte: »Wenn weiße Kunden in meinem Laden Neger sehen, kommen sie nicht herein und kaufen nichts.«

Vater King verließ mit seinem Sohn sofort den Laden.

Ein andermal kamen sie in eine Verkehrskontrolle, bei der ein Polizist den Vater mit »Hey, Boy!« anraunzte. »Reden Sie mich bitte mit Sir an, Sir. So wie ich Sie«, erwiderte der Vater.

Sein Sohn erzählte später, er habe diese Erlebnisse nie vergessen. »Ich war traurig und zornig darüber, wie wir Schwarzen von den Weißen behandelt wurden.« Aber größer als sein Zorn über die Weißen sei die Achtung vor seinem Vater gewesen, der sich nicht habe einschüchtern lassen und ruhig geblieben sei.

Solche Szenen erlebten Schwarze in den Südstaaten tagtäglich. Dort gab es besondere Schulen für sie, in Krankenhäusern, Schwimmbädern, Restaurants und Kinos mussten sie getrennte Bereiche benutzen, und in Bussen durften sie nur hinten sitzen, mussten jedoch aufstehen, wenn sich Weiße setzen wollten. Genau das tat die Afroamerikanerin Rosa Parks in Montgomery am 1. Dezember 1955 nicht und wurde deswegen verhaftet. Dagegen protestierten die Schwarzen. Angeführt von Martin Luther King jr., der seit einem Jahr Pastor in Montgomery war, organisierten sie einen Bus-Boykott. 381 Tage fuhren sie nicht mit Bussen, was die Busgesellschaft an den Rand der Pleite brachte und weltweit für Aufsehen sorgte. Dieser ersten Widerstandsaktion folgten weitere. Wie sein Vorbild **Mahatma Gandhi** wollte Martin Luther King jr. Veränderungen ohne Gewalt erreichen. Selbst als auf sein Haus ein Bombenanschlag verübt wurde, rief er seine wütenden schwarzen Mitbürger zur Besonnenheit auf: »Wir werden der Gewalt mit Gewaltlosigkeit begegnen. Jesus hat gesagt: Liebet eure Feinde – und das wollen wir tun!«

Von nun an reiste er durchs Land und warb in vielen Reden für die Aufhebung der Rassentrennung. Immer wieder wurde er eingesperrt, insgesamt an die 30 Mal. Doch weder Strafen noch Schikanen brachten ihn von seinem Weg ab. Mit seinen Anhängern organisierte er im ganzen Land Protestmärsche. Am 28. August 1963 marschierte er an der Spitze von 250.000 Menschen – darunter etwa 50.000 Weiße – nach Washington. Dort hielt er eine bewegende Rede: »I have a dream – Ich habe einen Traum, dass eines Tages auf den roten Hügeln von Georgia die Söhne früherer Sklaven und die Söhne früherer Sklavenhalter miteinander am Tisch der Brüderlichkeit sitzen können. Ich habe einen Traum, dass meine vier kleinen Kinder eines Tages in einer Nation leben werden, in der man sie nicht nach ihrer Hautfarbe, sondern nach ihrem Charakter beurteilt …«

Obwohl es Fortschritte gab, erlebte er seinen Traum nicht mehr. Am 4. April 1968 wurde Martin Luther King jr. erschossen.

Anne Frank

(1929–1945)

Viele Mädchen haben ein Tagebuch. Ihm vertrauen sie an, was sie beschäftigt, worüber sie nachdenken, was sie sich wünschen und wovor sie sich fürchten. Weil in einem Tagebuch auch geheime Gedanken notiert werden, möchten die meisten Mädchen nicht, dass jemand ihr Tagebuch liest.

»Ein« Tagebuch wurde und wird von Millionen Menschen in der ganzen Welt gelesen: das »Tagebuch der Anne Frank«. Warum interessiert so viele Menschen, was ein 13-, 14-jähriges Mädchen ihrem Tagebuch anvertraute? Wer war Anne Frank?

Sie war die zweite Tochter einer wohlhabenden Frankfurter Kaufmannsfamilie, die der jüdischen Glaubensgemeinschaft angehörte. Als Anne gerade dreieinhalb Jahre alt war, kamen die *Nazis* in Deutschland an die Macht; und schon bald folgten die ersten Aktionen gegen Juden. Annes Eltern machten sich große Sorgen und beschlossen, Deutschland so schnell wie möglich zu verlassen. Im Herbst 1933 bekam Vater Otto Frank das Angebot, in Amsterdam eine Niederlassung der Lebensmittelfirma »Opekta« aufzubauen. Zunächst ging er allein in die niederländische Hauptstadt, um alles vorzubereiten, im Februar 1934 folgte ihm seine Frau Edith mit den Töchtern.

In der neuen »Heimat« führten die Franks ein relativ sorgenfreies Leben. Margot und Anne lernten die holländische

Sprache und gingen bald zur Schule. Von ihrer damaligen Freundin Hannah Goslar wurde Anne später als lustiges, eigenwilliges und manchmal etwas besserwisserisches Mädchen geschildert.

Im Mai 1940 marschierten deutsche Truppen überraschend in die neutralen Niederlande ein und besetzten das Land. Es wurden sogenannte »Judengesetze« erlassen, die die Rechte der dort lebenden Juden einschränkten. Sie durften zum Beispiel kein Auto mehr fahren und die Straßenbahn nicht mehr benutzen. Es wurde ihnen auch verboten, ins Kino und ins Theater zu gehen oder an Sportveranstaltungen teilzunehmen. Und die Kinder durften keine öffentliche Schule mehr besuchen.

Aber es kam noch schlimmer: Ab 1942 wurden Juden in *Konzentrationslager* gebracht. Weil eine Flucht nicht mehr möglich war, richtete Otto Frank im Hinterhaus seiner Firma in der Prinsengracht 263 ein Versteck ein. Am 6. Juli 1942 verschwand Familie Frank im Hinterhaus. Wenig später folgten ihnen vier befreundete Personen. Sie alle hofften, das Leben im Versteck werde nicht lange dauern.

Anne hatte zu ihrem 13. Geburtstag am 12. Juni ein Tagebuch geschenkt bekommen. Es wurde zu ihrem wichtigsten Begleiter in der schweren Zeit. In Briefform schrieb sie einer ausgedachten »Kitty«, was sie beschäftigte. Der erste Eintrag nach dem Untertauchen beginnt am 8. Juli so:

»Liebe Kitty!

Zwischen Sonntagmorgen und heute scheinen Jahre zu liegen. Es ist unendlich viel geschehen, es ist, als wäre die Erde verwandelt! Aber, Kitty, ich lebe noch, und das ist die Hauptsache, sagt Vater. Ja, ich lebe noch, aber frage mich nur nicht, wie.«

Wie sie mit ihrer Familie und den vier Mitbewohnern auf nur 50 Quadratmetern lebte, das vertraute sie ihrer »lieben Kitty« nun regelmäßig an. Zwei Jahre dauerte dieses beengte Leben in der ständigen Angst, entdeckt zu werden. Und die Einträge zeigen, wie aus dem 13-jährigen, noch ziemlich unbekümmerten Mädchen durch die ungewöhnlichen Umstände eine nachdenkliche, kluge, sensible junge Frau wurde, die ihre Mitbewohner und sich selbst sehr genau beobachtete. Sie machte sich auch viele Gedanken zur politischen Lage – und über ihre Zukunft, an die sie fest glaubte.

Am 15. Juli 1944 schrieb sie: »Es ist ein Wunder, dass ich all meine Hoffnungen nicht aufgegeben habe, denn sie erscheinen absurd und unerfüllbar. Doch ich halte daran fest, trotz allem, weil ich noch stets an das Gute im Menschen glaube.«

Viel Gutes erlebte Anne nicht mehr, aber viel Böses: Das Versteck wurde verraten, alle acht Bewohner kamen in das Konzentrationslager Auschwitz; später wurden Anne und ihre Schwester Margot in das Konzentrationslager Bergen-Belsen deportiert, wo sie im März 1945 starben.

Annes Tagebuch wurde im Hinterhaus gefunden und von ihrem Vater, der als Einziger der acht Versteckten überlebt hatte, veröffentlicht. Bis heute ist es eines der meistgelesenen Bücher der Welt; im Jahr 2009 wurde es von der UNESCO in das Weltdokumentenerbe aufgenommen, damit es nie verloren geht.

Neil Armstrong

(1930–2012)

Nach dem Zweiten Weltkrieg kam es zwischen den beiden Supermächten USA und Sowjetunion zu einem regelrechten Wettlauf ins Weltall. Bis in die 1950er-Jahre galten die USA als klar überlegen. Dann gelang es der Sowjetunion am 4. Oktober 1957 überraschend, mit dem »Sputnik 1« den ersten Satelliten in die Erdumlaufbahn zu bringen. Das löste in den USA und in der gesamten westlichen Welt den sogenannten »Sputnik-Schock« aus. Daraufhin verstärkten die USA ihre Anstrengungen. Trotzdem hatten die Sowjets weiter die Nase vorn, und es gelang ihnen am 12. April 1961, den ersten Menschen in die Erdumlaufbahn zu schießen. Da versprach der amerikanische Präsident John F. Kennedy (1917–1963) seinen völlig verunsicherten Landsleuten: »Diese Nation verpflichtet sich, noch vor Ablauf des Jahrzehnts einen Mann auf den Mond und sicher wieder zur Erde zurückzubringen.«

Einer der Kandidaten für diesen Flug wurde Neil Armstrong. Er interessierte sich seit seiner Kindheit für alles, was mit der Fliegerei zu tun hatte. Bereits als Sechsjähriger saß er bei einem Rundflug auf dem Kopilotensitz. Zu Hause baute er am liebsten Modellflugzeuge und lernte den theoretischen Unterrichtsstoff der Flugschulen. Zu seinem 15. Geburtstag bekam er die erste Flugstunde mit einem Lehrer geschenkt und ein Jahr später erhielt er die Pilotenlizenz. Nach der Highschool, dem Studium an der Universität und der Ausbildung zum Kampfpiloten beim Militär wurde Armstrong Testpilot bei der amerikanischen Raumfahrtbehörde. Dort gehörten Flüge mit den modernsten Raketenflugzeugen der Welt zu seinen Aufgaben. Dabei stellte er im Juli 1962 bei einem Hochgeschwindigkeitsflug mit 6419 Stundenkilometern einen neuen Weltrekord auf. Seine außergewöhnlichen Fähigkeiten führten dazu, dass er 1962 von der Raumfahrtbehörde unter 300 Bewerbern mit sieben anderen Männern für das Weltraumprogramm ausgewählt wurde. Im Raumfahrtzentrum bei Houston/Texas wurden die neuen Astronauten ausgebildet.

Am 16. März 1966 starteten Neil Armstrong und David Scott mit der »Gemini 8« in den Weltraum. Ihre Aufgabe war, erstmals zwei Raumfahrzeuge im All aneinanderzukoppeln. Beim Andocken gab es Probleme, eine Düse klemmte und ließ sich nicht abstellen. Die Raumkapsel begann sich ungeheuer schnell zu drehen, Armstrong und Scott drohten bewusstlos zu werden. Im letzten Augenblick hatte Armstrong die rettende Idee: Er zündete die zweite Düse und schaffte es dadurch, das Drehen zu verlangsamen und schließlich zu beenden. Nun war die Raumkapsel zwar wieder unter Kontrolle, aber sie hatte so viel Treibstoff verbraucht, dass der Flug abgebrochen werden musste. Schließlich gelang auch die schwierige Notlandung im Pazifik. Armstrong hatte gezeigt, dass er selbst in extremen Situationen die Nerven behielt. Das qualifizierte ihn für die schwierigste Aufgabe, den Flug zum Mond mit der »Apollo 11«. Der wurde am 16. Juli 1969 gestartet. Kommandant Neil Armstrong machte sich mit Edwin Aldrin und Michael Collins auf die längste Reise, die Menschen je angetreten hatten. Als sich Armstrong und Aldrin nach vier Tagen in der Mondlandefähre »Eagle« auf die Landung vorbereiteten, bemerkte Armstrong gerade noch rechtzeitig, dass der Autopilot sie auf gefährliche Felsen zusteuerte. Geistesgegenwärtig schaltete er ihn aus und lenkte die »Eagle« per Hand sicher zu Boden.

Hunderte Millionen Menschen in allen Teilen der Welt verfolgten an den Fernsehern trotz unscharfer, teils verschwommener Bilder, wie sich ein Mann im sperrigen weißen Astronautenanzug die Leiter der »Eagle« hinuntertastete und am 20. Juli 1969 um 3:56 Uhr MEZ als erster Mensch den Mond betrat. Dazu sagte Neil Armstrong die berühmt gewordenen Worte: »Das ist ein kleiner Schritt für einen Menschen, aber ein riesiger Schritt für die Menschheit.«

Wenig später folgte ihm Edwin Aldrin. Er rammte einen Stab in den Boden und hängte die amerikanische Flagge auf. Dann hüpften die beiden unförmigen Gestalten auf dem Mond herum, sammelten Steine und machten zahlreiche Experimente. Nach 21 Stunden hoben sie mit der »Eagle« wieder ab, flogen in die Umlaufbahn des Mondes, wo Collins in der »Apollo 11« auf sie wartete. Sie dockten erfolgreich an und machten sich auf die 380.000 Kilometer lange Heimreise, die ohne größere Komplikationen verlief.

Michail Gorbatschow

(geb. 1931)

Von 1947 bis 1989 versuchten die beiden Supermächte USA und Sowjetunion und ihre jeweiligen Verbündeten, ihren Einfluss in der Welt auszudehnen. Diese Jahre nennt man die Zeit des »Kalten Krieges«. Kalt wird dieser Krieg genannt, weil er mit allen Mitteln ausgetragen wurde, nur nicht mit direkten militärischen Angriffen. Es kam zu einem Rüstungswettlauf, der ungeheuer viel Geld kostete. 1981 nannte der amerikanische Präsident Ronald Reagan die Sowjetunion das »Reich des Bösen« und wollte sie »totrüsten«. Die sowjetische Führung hielt dagegen und erhöhte die Rüstungsausgaben noch. Dadurch geriet das Land in große wirtschaftliche Schwierigkeiten, die Güter für das tägliche Leben wurden immer knapper.

Dann kam 1985 ein Mann an die Macht, mit dem alles anders wurde: Michail Gorbatschow.

Er stammte aus einer Bauernfamilie und hatte schon als Junge miterlebt, dass in der Sowjetunion längst nicht alles so war, wie es die Führung darstellte. Viele Menschen hungerten, und wer Kritik übte, landete im Gefängnis oder wurde nach Sibirien verbannt – wie sein Großvater.

Mischa, wie er genannt wurde, war ein guter Schüler und durfte nach der Schule in Moskau Jura studieren. Mit 21 Jahren trat er in die Kommunistische Partei ein, denn nur wer da

Mitglied war, hatte gute Chancen im Beruf. Nach dem Studium ging er zurück in seine Heimatregion Stawropol und machte Karriere in der Partei. Nachdem er es bis zum Parteichef in Stawropol gebracht hatte, wurde man in Moskau auf ihn aufmerksam. Dort förderte ihn Juri Andropow, der einflussreiche Chef des sowjetischen Geheimdienstes KGB, der wie Gorbatschow aus Stawropol stammte. Nach mehreren Stufen auf der Karriereleiter wurde Gorbatschow mit 49 Jahren ins Politbüro berufen, das Machtzentrum der Sowjetunion. Das war schon deshalb eine Sensation, weil das Durchschnittsalter dieses »Altherrenvereins« bei 75 Jahren lag.

Nur fünf Jahre später wurde Gorbatschow Generalsekretär der Kommunistischen Partei und damit mächtigster Mann in der Sowjetunion. Anders als seine Vorgänger verschloss er die Augen nicht vor den Zuständen im Land. Er wusste, dass grundlegende Reformen notwendig waren, um den Menschen ein menschenwürdiges Leben zu ermöglichen; und er wusste, dass diese Reformen Geld kosten würden, viel Geld. Deshalb wollte er die hohen Rüstungskosten so schnell wie möglich senken und das Geld für Reformen einsetzen. Nach einem halben Jahr im Amt legte er sein Programm vor: Die Wirtschaft sollte umgebaut werden und nicht mehr nur nach staatlichen Plänen produzieren, sondern sich verstärkt an den Bedürfnissen der Menschen orientieren. Die Regierung sollte die Menschen informieren, und diese sollten ihre Meinung äußern können, ohne Angst haben zu müssen. »Perestroika« (Umgestaltung, Erneuerung) und »Glasnost« (Offenheit, Durchschaubarkeit) hießen die Schlagworte, die bald in aller Munde waren. Im westlichen Ausland schaute man erstaunt und gespannt in Richtung

Sowjetunion. Noch konnte man sich nicht vorstellen, dass die alten Kräfte mit den Vorstellungen des »jungen Wilden« einverstanden waren und ihn einfach so machen lassen würden. Und tatsächlich befand sich Gorbatschow in einer verzwickten Lage: Er wollte die Sowjetunion durch eine »Revolution von oben« modernisieren, ohne jedoch den Führungsanspruch der Kommunistischen Partei und die staatliche Kontrolle der Wirtschaft aufzugeben. Es zeigte sich schnell, dass das sehr schwierig war. Doch trotz heftiger Widerstände wich Gorbatschow nicht von seinem Weg ab. Und 1988 erlaubte er den »*sozialistischen* Bruderländern« in Osteuropa, ihre eigenen Wege zu gehen, ohne ein militärisches Eingreifen der Sowjetunion befürchten zu müssen. Das konnten sie zuerst kaum glauben. Innerhalb eines Jahres brachen die kommunistischen *Diktaturen* in Polen und Ungarn und später auch in der Tschechoslowakei und in der *Deutschen Demokratischen Republik* zusammen. Ohne Gorbatschows Politik hätte es die deutsche *Wiedervereinigung* nicht gegeben. Für diese Politik erhielt er 1990 den Friedensnobelpreis.

Im eigenen Land wurde er nicht gefeiert, sondern bekam immer mehr Probleme. Nach einem Umsturzversuch seiner Gegner kam es zu innenpolitischen Kämpfen. Am 25. Dezember 1991 trat Gorbatschow von seinen Ämtern zurück, die »Union der Sozialistischen Sowjet*republiken*« löste sich auf und verschwand von der politischen Landkarte.

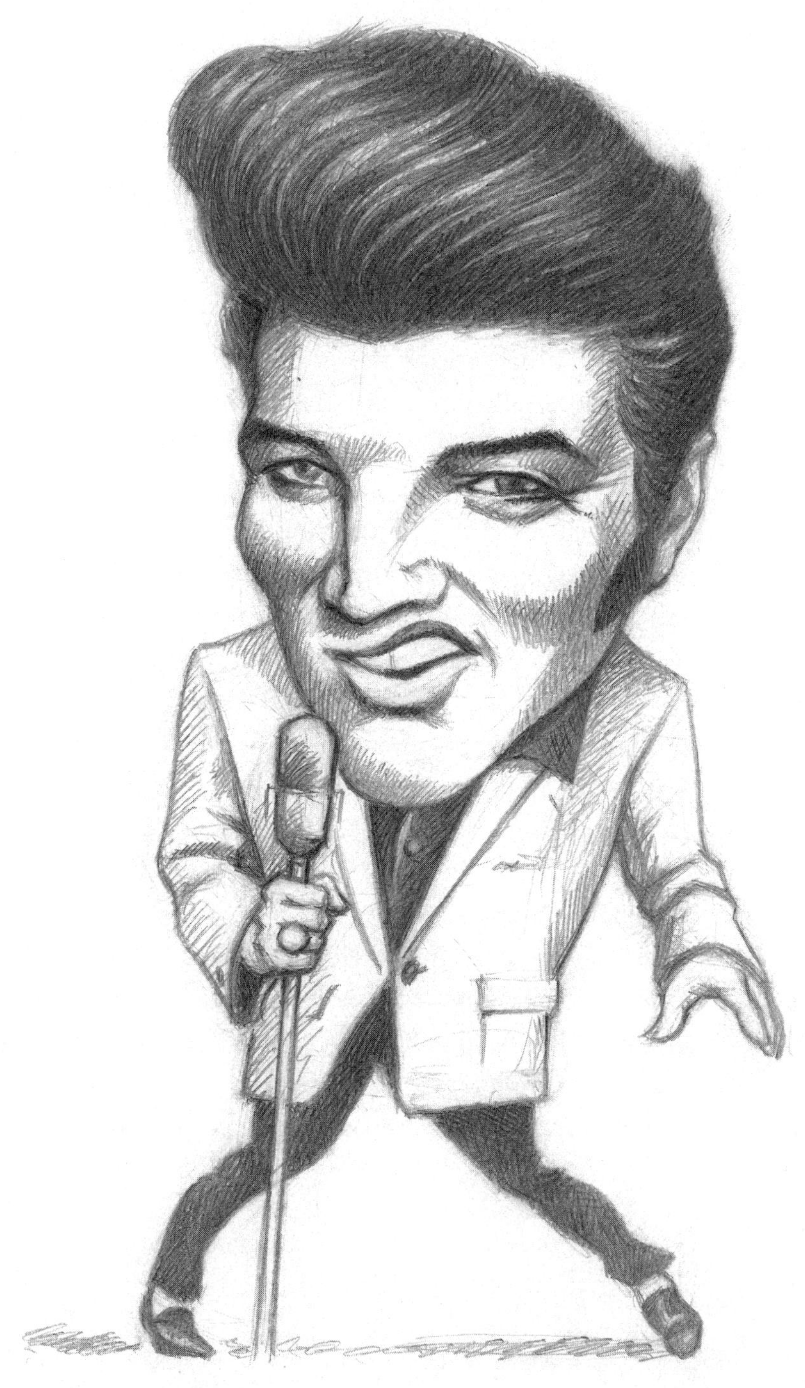

Elvis Presley

(1935–1977)

Der Baumwollpflücker und Fabrikarbeiter Vernon Presley und seine Frau Gladys, die als Näherin arbeitete, waren noch nicht lange verheiratet, als sie schwanger wurde. Nach einiger Zeit deutete einiges darauf hin, dass es Zwillinge werden könnten. Obwohl die Presleys arm waren, freuten sie sich auf die Kinder. Am 8. Januar 1935 brachte Gladys Presley zwei Jungen zur Welt, von denen einer zum Leidwesen der Eltern bei der Geburt starb.

Den überlebenden Jungen tauften sie auf den Namen Elvis Aaron. Er blieb ein Einzelkind, wurde geliebt und wuchs sehr behütet auf, damit ihm auch ja nichts passierte.

Als Elvis drei Jahre alt war, fälschte sein Vater einen Scheck, weil das Geld wieder mal hinten und vorne nicht reichte. Der Betrug flog auf, Vernon Presley landete für ein Jahr im Gefängnis. Nun musste die junge Mutter allein für ihren Sohn und sich sorgen. Dadurch entwickelte sich eine besonders enge Bindung zwischen ihnen, die ein Leben lang anhielt.

Elvis war ein schüchterner Junge. Bemerkenswert war nur, dass er schon früh und gern im Kirchenchor mitsang. Seine gute Stimme fiel einer Grundschullehrerin auf, die ihn zu einem Talentwettbewerb anmeldete. Er wurde Fünfter und bekam von seinen Eltern zum elften Geburtstag eine Gitarre geschenkt. Weil sie sich Unterrichtsstunden nicht leisten konnten, lernte Elvis das Spielen ohne Lehrer.

Familie Presley musste mehrfach in billigere Wohnungen umziehen und landete schließlich am Rand eines Stadtviertels, in dem vorwiegend Afroamerikaner lebten. Dort freundete sich Elvis mit einem schwarzen Jungen an und lernte durch ihn die Musik der afroamerikanischen Bevölkerung kennen: Gospels, Spirituals und den Blues. Elvis war fasziniert, in ihm wuchs der Wunsch, selbst solche Musik zu machen.

1948 wollten die Presleys einen Neuanfang wagen und zogen nach Memphis/Tennessee, wo sie sich bessere Arbeitsmöglichkeiten versprachen. Elvis ging weiter zur Schule und verdiente sich als Platzanweiser in einem Kino sein Taschengeld. Nach dem Abschluss der Schule im Juni 1953 arbeitete er zunächst in einer Fabrik, dann als Lkw-Fahrer. In dieser Zeit nahm er in einem Tonstudio auf eigene Kosten zwei Schallplatten auf. Bei der zweiten Aufnahme im Januar 1954 hörte ihn der Besitzer Sam Phillips und war von Elvis' Stimme und seinem »besonderen Sound« beeindruckt. Phillips war schon lange auf der Suche nach »einem weißen Mann, der die Stimme und das Einfühlungsvermögen eines Schwarzen hat«. Nun glaubte er, ihn gefunden zu haben. Er förderte Elvis, ließ ihn den Song »That's all right, Mama« aufnehmen und sorgte dafür, dass er im Radio gespielt wurde. Die Hörer reagierten zum größten Teil begeistert. Es dauerte nicht lange und Elvis hatte seine ersten Auftritte. Im März 1955 sang er zum ersten Mal in einer Fernsehsendung. Da wurde einer der wichtigsten Manager im Musikgeschäft auf Elvis aufmerksam: Colonel Thomas Parker. Er wollte diesen ungewöhnlichen jungen Sänger groß herausbringen – doch der hatte ja schon einen Vertrag mit Sam Phillips. Parker gelang es zusammen mit der Plattenfirma »RCA Records«, Elvis für 35.000 Dollar aus dem Vertrag herauszukaufen. Das war damals eine ungeheure Summe für einen Newcomer. Doch das Risiko lohnte sich; bereits im Frühjahr 1956 landete Elvis Presley mit »Heartbreak Hotel« seinen ersten Nummer-1-Hit. Innerhalb eines Jahres wurde der Titel mehr als eine halbe Million Mal verkauft und brachte Elvis die erste Goldene Schallplatte. Wie Elvis sang und wie er sich auf der Bühne bewegte, das entsetzte die ältere Generation, weil sie zu heftige sexuelle Anspielungen darin sah. Doch bei den jungen Leuten lösten seine Bühnenshows Begeisterung, ja, Massenhysterien aus. Elvis wurde der »King of Rock 'n' Roll« – und drehte »nebenbei« noch 30 Filme. Doch für das Leben als Superstar zahlte er einen hohen Preis: Er wurde alkohol- und drogensüchtig und starb mit nur 42 Jahren. Sein früher Tod machte ihn noch populärer, als er ohnehin war, für seine Fans ist er unsterblich. Zu seinen Lebzeiten wurden etwa 500 Millionen Tonträger von ihm verkauft; bis heute sind es weit mehr als eine Milliarde. Damit ist Elvis Presley der mit Abstand erfolgreichste Sänger aller Zeiten.

Muhammad Ali

(geb. 1942)

Muhammad Ali wurde 1999 vom Internationalen Olympischen Komitee zum »Sportler des Jahrhunderts« gewählt. Diese Auszeichnung galt nicht nur dem besten Boxer aller Zeiten, sondern auch seinem beeindruckenden Leben außerhalb des Boxrings. Geboren wurde er als Cassius Marcellus Clay in Louisville/Kentucky. Die beiden Vornamen wählten seine Eltern sehr bewusst, denn ein amerikanischer Politiker gleichen Namens hatte gemeinsam mit Abraham Lincoln gegen die Sklaverei gekämpft. Sie wünschten sich, dass ihr erster Sohn ein Kämpfer würde, und das wurde er!

Über seinen Weg zum Boxen gibt es eine schöne Geschichte: Im Alter von zwölf Jahren wurde ihm sein Fahrrad gestohlen. Wütend lief Cassius zur Polizei und verlangte eine Fahndung, denn er wolle den Dieb windelweich prügeln.

Einer der Polizisten war Joe Martin, der junge Boxer trainierte. Martin sagte, wenn er jemanden verprügeln wolle, sei es gut, vorher richtig boxen zu lernen. Das wollte Cassius und trainierte fortan bei Joe Martin.

Der erkannte schnell das große Talent des Jungen: Keiner seiner anderen Jungs bewegte sich so leichtfüßig, keiner reagierte so schnell, keiner hatte vergleichbare Reflexe, und »keiner trainierte so ernsthaft wie er. Wenn es einen Schlüssel zu seinen Erfolgen gab, dann neben allem Talent seine Kondition«, sagte Joe Martin später.

Mit 16 beendete Cassius die Schule, um Boxer zu werden. Er gewann alle Kämpfe und galt bald als einer der hoffnungsvollsten jungen Boxer der USA. Sein großes Ziel waren die Olympischen Spiele 1960 in Rom, wo er die Goldmedaille gewinnen wollte. Das schaffte der 18-Jährige souverän.

Nach diesem Erfolg bei den Amateuren wechselte Cassius Clay zu den Profis. Dort zählten die Erfolge bei den Amateuren nichts und er musste sich wieder hocharbeiten. Von 1960 bis 1963 bestritt er 20 Kämpfe, die er alle gewann. Um für mehr Aufmerksamkeit zu sorgen, sagte er manchmal voraus, in welcher Runde er seine Gegner k.o. schlagen werde. Dieses arrogante Verhalten machte ihn nicht gerade beliebt, aber berühmt. Und 1964 bekam er die Chance, gegen Sonny Liston um die Weltmeisterschaft im Schwergewicht zu boxen. Schon vor dem Kampf machte sich Clay über seinen Gegner lustig und nannte ihn »ängstlicher, hässlicher Bär«. Die meisten glaubten, der als unschlagbar geltende Liston werde dem »Großmaul« Clay eine Lektion erteilen. Doch es kam genau umgekehrt: Clay tänzelte so leichtfüßig und schnell durch den Ring wie noch kein Schwergewichtler vor ihm. Dabei war besonders provozierend, dass er die Fäuste nicht wie alle Boxer zur Deckung hochnahm, sondern unten baumeln ließ, als wolle er sagen: Gegen dich brauche ich keine Deckung, du triffst mich sowieso nicht. Liston konnte tatsächlich keinen seiner gefürchteten Schläge landen, musste selbst aber eine Menge einstecken und gab in der siebten Runde auf. Nach dem Sieg schrie Clay immer wieder in die Mikrofone: »Ich bin der Größte! Ich bin der Größte!«

Der neue Weltmeister bekannte sich für die meisten völlig überraschend zum Islam und änderte seinen Namen in Muhammad Ali. Bis zum Frühjahr 1967 verteidigte er seinen Titel neun Mal. Dann sollte er Soldat werden, doch er verweigerte den Militärdienst aus religiösen Gründen und verurteilte öffentlich den *Vietnamkrieg*. Daraufhin wurde er zu fünf Jahren Gefängnis verurteilt und blieb nur dank einer hohen Kaution auf freiem Fuß. Doch der Weltmeistertitel wurde ihm aberkannt und er durfte nicht mehr boxen. Wegen seiner Standhaftigkeit und seiner Ablehnung des Vietnamkriegs wurde Ali mit der Zeit zu einem Idol für Millionen Menschen, ganz besonders für die schwarzen Amerikaner.

Sein Kampf außerhalb des Rings war erfolgreich: 1970 durfte Ali wieder boxen und das oberste Gericht erklärte ihn zu einem freien Mann. Nun wollte er seinen Titel zurückholen. Doch das war nicht so einfach, denn die dreijährige Pause hatte ihre Spuren hinterlassen, er war nicht mehr so leichtfüßig wie zuvor. Gegen Joe Frazier ging er zum ersten Mal k.o. und Ken Norton brach ihm schon in der ersten Runde den Kiefer. Doch Ali gab nicht auf, trainierte wie besessen und holte sich am 30. Oktober 1974 durch einen K.-o.-Sieg gegen George Foreman den Titel. Bei diesem »Kampf des Jahrhunderts« saßen weltweit mehr Menschen an den Bildschirmen als bei den ersten Schritten von **Neil Armstrong** auf dem Mond.

Ali boxte noch weitere sieben Jahre, obwohl es schon 1980 erste Anzeichen der Parkinsonkrankheit bei ihm gab. Trotz dieser Krankheit zog er sich nicht aus der Öffentlichkeit zurück: Bis heute setzt er sich für wohltätige Zwecke ein und wird auch dafür weltweit verehrt.

Steve Jobs

(1955–2011)

So etwas hatte es bis dahin noch nicht gegeben: Am 29. Juni 2007 bildeten sich vor vielen Läden in den USA lange Menschenschlangen. Solche Bilder kannte man sonst nur aus anderen Zeiten und anderen Ländern, wenn Menschen irgendwo anstanden, um Lebensmittel zu bekommen. Und nun standen vorwiegend junge, wohlgenährte Leute vor Läden und warteten stundenlang. Worauf?

In einem Fernsehwerbespot hatte das amerikanische Unternehmen Apple seit Wochen ein neues Mobiltelefon angekündigt, aber eines, das viel mehr sein und können würde als alle anderen Mobiltelefone: das »iPhone«. Darauf warteten Tausende, die zu den Ersten gehören wollten, die das »Wundergerät« in den Händen hielten. Entwickelt hatte es – gemeinsam mit seinen Mitarbeitern – Steve Jobs, einer der kreativsten Köpfe in der Computerindustrie.

Steve war der Sohn einer Amerikanerin und eines syrischen Studenten. Ihre Eltern waren gegen die Verbindung der beiden, und weil deren Geld nicht ausreichte, auch noch für ein Kind zu sorgen, gaben sie es zur Adoption frei. So wuchs Steve bei seinen Adoptiveltern, dem Ehepaar Jobs, in der kalifornischen Kleinstadt Mountain View auf. Sie liegt zwischen San Francisco und San José, wo in den 1960er-Jahren viele kleine

Firmen gegründet wurden, in denen mit neuen Ideen an neuen Produkten im Bereich der Computertechnik gebastelt wurde. Später nannte man diese Gegend »Silicon Valley«.

In der Nachbarschaft der Jobs wohnten Ingenieure und Techniker, von denen einige in diesen Firmen arbeiteten. Durch sie wurde Steves Interesse an technischen Dingen früh geweckt.

1972 beendete er die Highschool, wusste aber nicht so recht, was er nun tun sollte. Er begann ein Studium der Kalligrafie, brach es ab, jobbte bei den Firmen Hewlett Packard und Atari und machte 1974 eine Reise nach Indien. Dort wollte er sich mit Hinduismus und Buddhismus beschäftigen; dabei hoffte er auf neue Erfahrungen und vielleicht sogar auf Erleuchtung. Ein Ergebnis seiner Beschäftigung mit den fernöstlichen Religionen war, dass er seine Ernährung radikal umstellte und zum Frutarier wurde, das heißt, er ernährte sich ausschließlich von pflanzlichen Produkten.

Nach seiner Rückkehr arbeitete Jobs bei Atari als Entwickler von Videospielen. Nebenbei konstruierte er mit seinem Freund Stephen Wozniak und ein paar anderen jungen Leuten Geräte, die Computer werden sollten.

1976 gingen Jobs und Wozniak eigene Wege, richteten in der Garage von Jobs' Eltern eine Werkstatt ein und planten einen Rechner, der so einfach zu bedienen war, dass nicht nur Spezialisten, sondern jeder damit arbeiten konnte. Das Ergebnis war der erste Personalcomputer, kurz PC genannt. Um ihn zu verkaufen, gründeten sie die Firma Apple und wählten als Logo einen angebissenen Apfel. Ihren ersten PC nannten sie »Apple 1« und verkauften ihn für 666,66 Dollar. Mit ihm begann das eigentliche Computerzeitalter.

Apple wurde schnell sehr erfolgreich – und Steve Jobs sehr reich. »Ich hatte etwas über eine Million Dollar, als ich 23 war, über zehn Millionen mit 24 und mehr als 100 Millionen mit 25, und es war egal, weil ich es nicht fürs Geld gemacht habe«, sagte er in einem Interview. Und nach allem, was man von ihm weiß, stimmte das. Ihm ging es darum, den Computer sozusagen immer wieder neu zu erfinden.

Obwohl Jobs maßgeblichen Anteil am Erfolg von Apple hatte, wurde er 1985 aus der Firma gedrängt. Aber er legte die Hände nicht in den Schoß, sondern gründete eine neue Computerfirma, mit der er sehr erfolgreich war. Apple dagegen geriet in Schwierigkeiten und nach zehn Jahren drohte die Pleite. 1997 kehrte Jobs zurück, setzte harte Sparmaßnahmen durch und führte Apple mit neuen Produkten aus der Krise. Dazu gehörten der iMac und das iBook, beides einfach zu bedienende Computer für die breite Masse. Und schließlich kam das oben erwähnte iPhone dazu, mit fast 400 Millionen verkauften Geräten das erfolgreichste Smartphone der Welt. Als Steve Jobs am 5. Oktober 2011 im Alter von 56 Jahren an einem unheilbaren Krebsleiden starb, gehörte Apple dank seiner genialen Fähigkeiten zu den bekanntesten und wertvollsten Marken weltweit.

WWW

Tim Berners-Lee

(geb. 1955)

Die Namen **Steve Jobs** und **Bill Gates** kennen viele Menschen auf der ganzen Welt. Dagegen ist Tim Berners-Lee weitgehend unbekannt, obwohl manche ihn als den »Gutenberg des 20. Jahrhunderts« bezeichnen. Das ist nicht übertrieben, denn er hat etwas entwickelt, was das Leben und Arbeiten des modernen Menschen radikal veränderte.

Tim ist in einer Mathematiker-Familie in England aufgewachsen. Sein Vater und seine Mutter arbeiteten an der Universität Manchester bei der Entwicklung von Computern mit. Und die Eltern redeten auch zu Hause über ihre Arbeit. So hörte Tim schon früh von technischen Fragen und Problemen und davon, dass es wichtig sei, diese zu lösen. Manche Kinder nervt das und sie machen extra ganz andere Dinge als ihre Eltern und entscheiden sich auch beruflich anders. Nicht so Tim. Er interessierte sich für das, was seine Eltern diskutierten, und beschäftigte sich schon als Schüler mit Computern. Und für ihn war selbstverständlich, dass er nach der Schule etwas studieren wollte, das in diese Richtung ging. Er entschied sich für ein Physikstudium an der Universität Oxford, das er 1976 erfolgreich abschloss. Anschließend arbeitete er vier Jahre für zwei englische Telekommunikationsunternehmen. Die wollten leistungsfähigere Computer haben. Dabei galt es, die »Hardware«

zu verbessern, also die mechanischen und elektronischen Teile. Noch wichtiger war allerdings eine bessere »Software«, also Programme, die mehr konnten als die bisherigen. Die Aufgabe von Berners-Lee war es, solche Programme zu schreiben. Während er das tat, wuchs in ihm die Vorstellung, man sollte die verschiedenen Programme irgendwie miteinander verbinden können. Ihm schwebten Computer vor, die Informationen aufzeichnen und speichern und die mit anderen Computern gefunden und genutzt werden konnten. Aber noch sah er keine Möglichkeit, diese Idee zu verwirklichen.

Von Juni bis Dezember 1980 war Berners-Lee als beratender Ingenieur für das Europäische Kernforschungszentrum (CERN) in Genf tätig. Dort tüftelte er in seiner Freizeit weiter an einer Lösung des Problems und schrieb für private Zwecke ein Programm, dem er den Namen »Enquire« (to enquire = anfragen, nachforschen, sich erkundigen) gab. Er nutzte das Programm, um alles zu vernetzen, was er an persönlichen Daten und Dokumenten hatte: Adressen, Notizen, Texte etc. Das erleichterte ihm zwar den Alltag, aber weil er es so noch nicht für ausgereift hielt, erfuhr niemand davon.

Von 1981 bis 1984 war er Direktor bei einer Computerfirma, dann kehrte er ans CERN zurück. Das befindet sich zum Teil auf schweizerischem, zum Teil auf französischem Boden. In den 1980er-Jahren hatten beide Länder noch unterschiedliche elektronische Netz-Systeme, die den Austausch von Informationen erschwerten und oft ganz verhinderten. Um das zu ändern, verbesserte Berners-Lee sein Programm »Enquire«. Und bald war er in der Lage, die Computer der verschiedenen Arbeitsgruppen zu verbinden, egal ob sie im schweizerischen oder französischen Teil des Zentrums arbeiteten. Wenn das möglich war, so seine Überlegung, musste es auch möglich sein, eine Art »Überprogramm« zu entwickeln, das die Computer auf der ganzen Welt miteinander vernetzt. 1989 legte er so ein Programm vor, einen »Hypertext«, zu Deutsch »Übertext«. Dann entwickelte er die weiteren Grundlagen für das »World Wide Web«. Er erstellte auch die erste Website: http://info.cern.ch. Sie wurde im Dezember 1990 zuerst CERN-intern gestartet. Weil es das Internet als Kommunikationsmöglichkeit etwa zum Austausch von E-Mails schon gab, hatte Berners-Lee die Idee, sein »World Wide Web« weltweit verfügbar zu machen. Dabei verzichtete er auf die Patentierung und auf jegliche Lizenzgebühren und damit auch darauf, ein reicher Mann zu werden. Weil nun jeder, der schon Internet hatte, kostenlos »surfen« konnte, stieg die Zahl der Nutzer sprunghaft an. Und heute können sich Millionen, nein, Milliarden Menschen ein Leben ohne »World Wide Web« nicht mehr vorstellen – auch wenn die meisten den Namen seines Schöpfers noch nie gehört haben.

Bill Gates

(geb. 1955)

Nach **Steve Jobs** und **Tim Berners-Lee** erblickte im Jahr 1955 noch ein Junge das Licht der Welt, der ein ganz Großer im Bereich der Computertechnik werden sollte: Bill Gates. Auf seinem Taufschein steht allerdings William Henry Gates III. Schon damit wollten die wohlhabenden Eltern, eine Lehrerin und Geschäftsfrau und ein Rechtsanwalt, wohl deutlich machen, dass ihr Sohn kein gewöhnlicher Junge, sondern eine Art »Thronfolger« in der Familie war.

Bill, wie er von klein auf genannt wurde, zeigte schon früh eine Eigenschaft, ohne die er später nicht so erfolgreich geworden wäre: Er war sehr ehrgeizig und wollte überall der Beste sein. Deswegen war der Junge mit der großen Brille bei anderen Kindern auch nicht beliebt. Dazu kam noch, dass er hochbegabt und seinen Mitschülern vor allem in den Naturwissenschaften und Mathematik weit voraus war. Also schickten ihn seine Eltern 1967 auf die exklusive »Lakeside School«, wo begabte Kinder reicher Eltern besonders gefördert wurden. Im Gegensatz zu den öffentlichen Schulen gab es dort bereits einen (!) Computer und die Schüler wurden auch in Informatik unterrichtet.

Der Computer, der den halben Raum ausfüllte, faszinierte Bill, und bald verbrachte er jede freie Minute im Computerraum. Seine Mitschüler sagten, er sei süchtig. In Lakeside gab es noch einen Schüler, der computersüchtig war: Paul Allen (geb. 1953). Die beiden freundeten sich an, lasen alles, was sie über Computer in die Hände bekamen, und probierten vieles gleich praktisch aus. So lernten sie gemeinsam das Programmieren und schrieben auf dem schuleigenen Computer Programme für Lohnlisten, Stundenpläne und zur Messung von Verkehrsströmen. Im Alter von 14 und 16 Jahren gründeten Bill und Paul die Firma »Traf-O-Data«, verkauften ihre Programme und verdienten damit 20.000 Dollar.

Diese Erfahrung in der »richtigen« Geschäftswelt wurde richtungsweisend für Bill. Denn nun war er überzeugt, dass man mit Computern viel Geld verdienen konnte. Zu seinem Freund sagte er damals: »Mit spätestens 30 bin ich Millionär.«

Nach Abschluss der Schule begann Bill Gates 1973 an der Harvard University Jura zu studieren, so wie sein Vater. Doch statt sich mit juristischen Themen zu beschäftigen, verbrachte er die Zeit lieber im Computerraum.

Paul Allen hatte das Studium inzwischen abgebrochen und arbeitete bei der Firma Honeywell als Programmierer. Ende 1974 taten sich die beiden wieder zusammen. Nachdem der erste Microcomputer auf dem Markt war, gingen sie davon aus, dass solche Geräte bald in jedem Büro, vielleicht sogar in jedem Haushalt stehen könnten. Dann müssten sie allerdings viel einfacher zu bedienen sein als bisher. Dafür wollten Gates und Allen sorgen. Am 4. April 1975 gründeten sie die Firma »Microsoft«. Dann entwickelten sie für den Microcomputer »Altair 8800« ein Betriebsprogramm. Als Grundlage nahmen sie das bereits vorhandene »BASIC«, eine einfache, für Anfänger geeignete Programmiersprache. So entstand das »Altair

BASIC«. Das war der erste Schritt für Microsoft auf dem Weg nach oben.

Weil die Nachfrage schnell anstieg, brach Gates sein Studium 1975 ab, um sich voll und ganz der Firma und der Entwicklung von Betriebssystemen zu widmen.

Der zweite und entscheidende Schritt nach oben gelang 1980, als der Weltkonzern IBM für seine neuen Computer ein geeignetes Betriebssystem suchte. Es gelang Bill Gates, einen Konkurrenten auszustechen, wobei er nicht zimperlich war.

Er lieferte IBM das Betriebssystem »MS-DOS«, allerdings nur gegen Lizenzgebühr. Die Rechte blieben bei Microsoft. Damit verdiente die Firma an jedem verkauften Computer. So war es auch, als »Windows« auf den Markt kam. Nach anfänglichen Problemen lief es bald in den meisten Computern und machte Microsoft zu einem der erfolgreichsten Unternehmen und Bill Gates 1994 erstmals zum reichsten Mann der Welt.

Sein Freund Paul Allen schied 1983 bei Microsoft aus; er gehört heute mit einem geschätzten Vermögen von 15 Milliarden Dollar ebenfalls zu den Superreichen.

Als 14-Jähriger hatte Bill Gates zu ihm gesagt, mit 30 sei er Millionär. Weil er immer der Beste sein wollte, hat er das geschafft, und noch einiges mehr. Heute wird sein Vermögen auf über 70 Milliarden Dollar geschätzt.

Madonna

(geb. 1958)

Das »Forbes Magazine« in New York veröffentlicht jährlich eine Liste der bestverdienenden Stars. Zu ihnen gehört seit vielen Jahren die »Königin der Popmusik«, wie Madonna genannt wird. Im Jahr 2013 ließ sie alle anderen Berühmtheiten hinter sich und stand mit 125 Millionen Dollar Jahreseinnahmen unangefochten auf Platz eins. Den Hauptanteil habe sie durch ihre Tournee zum Album MDNA eingenommen, schrieb »Forbes«. Die Popdiva verdiente aber auch durch den Verkauf von Produkten wie Parfüm und Kleidung.

125 Millionen Dollar! Das ist eine Summe, die wir uns gar nicht richtig vorstellen können. Und Madonna konnte das lange Zeit auch nicht, denn sie wuchs in bescheidenen Verhältnissen im Norden der USA auf.

Viele glauben, Madonna sei ihr Künstlername, doch das stimmt nicht. Die Tochter eines italienischen Einwanderers und seiner Frau erhielt den Namen ihrer Mutter: Madonna Louise Ciccone. Sie hatte fünf Geschwister. Schon früh fiel auf, dass sie mit vielen Mitteln um die Zuwendung ihrer Eltern kämpfte und dabei ihre Schwestern und Brüder übertrumpfte. Als Madonna sechs Jahre alt war, starb ihre Mutter an Brustkrebs. Weil ihr Vater neben seiner Arbeit als Automechaniker nicht sechs Kinder erziehen konnte, stellte er eine Haushälterin ein – und wieder eine und noch eine, weil es keine lange aushielt. Eine von ihnen, Joan Gustafson, heiratete er und hatte mit ihr zwei weitere Kinder.

Mit ihrer Stiefmutter verstand sich Madonna überhaupt nicht. Sie war hartherzig und verlangte von dem kleinen Mädchen schon kräftige Mithilfe im Haushalt. Madonna sollte auch im »richtigen Glauben« erzogen werden und besuchte deswegen eine katholische Schule. Zwischendurch wurde sie in eine Klosterschule geschickt, wo es sehr streng zuging.

Den einzigen Ausgleich fand die Heranwachsende in den Tanzstunden, die ihr der Vater erlaubte. Tanzen und Musik wurden zu ihrer Leidenschaft. Ihr großer Traum war, Tänzerin zu werden. Deswegen trainierte sie wie besessen. »Als ich anfing zu tanzen, erlegte ich mir viel Selbstdisziplin auf, und ich begann mich zum ersten Mal richtig zu mögen«, schrieb sie später.

Nach dem Abschluss der Highschool studierte Madonna an der Universität Michigan Tanz. Im Alter von 17 Jahren brach sie das Studium ab. Sie wollte endlich frei sein von der Bevormundung durch Vater, Stiefmutter, Lehrer und Religion. Mit großen Hoffnungen und kleinem Geldbeutel zog sie nach New York, um ein neues Leben zu beginnen und Karriere zu machen. Doch in der Weltstadt war sie eine von Tausenden Möchtegernstars, die nach oben kommen wollten. In den ersten Jahren musste sie sich mit Gelegenheitsjobs als Hilfsarbeiterin durchschlagen. Manchmal reichte das Geld kaum fürs Essen und schon gar nicht für die Miete. In dieser Zeit ließ sie sogar Nacktaufnahmen von sich machen, um etwas zu verdienen. Und sie begann, Songs zu schreiben. Mit großer Zähigkeit schaffte Madonna es, dass einige dieser Songs in einer angesagten Diskothek gespielt wurden, wobei sie dazu tanzte. Der DJ erkannte das Talent des ausgeflippten Mädchens und sorgte dafür, dass Madonna einen Plattenvertrag erhielt. Das war 1982. Schon ein Jahr später erschien ihr erstes Album unter dem Titel »Madonna«. Es erreichte Platz vier der US-Charts. Das war beachtlich, aber noch nicht der Durchbruch. Der folgte 1984 mit dem Album »Like a Virgin«, das es weltweit auf Platz eins schaffte. Damit war Madonna die am meisten beachtete Frau im Showgeschäft.

In den folgenden Jahren gab es kein Album, das nicht einschlug wie eine Bombe. Und zu jedem Album schien sich die Künstlerin neu zu erfinden. Mit ihren ausgefallenen Outfits, die oft sehr freizügig und sexy waren, schockierte sie viele Erwachsene – und begeisterte die Jugendlichen. Madonna setzte Trends und wurde zum Idol für viele junge Mädchen und Frauen.

Seit nunmehr 30 Jahren hält sich die »Königin der Popmusik« an der Spitze. Mit etwa 400 Millionen verkauften Tonträgern ist sie die erfolgreichste Sängerin aller Zeiten.

The Beatles

(1960–1970)

Die Beatles sind 1960 weder aus dem Boden gewachsen noch vom Himmel gefallen. Sie haben eine vierjährige Vorgeschichte, die mit John Lennon (1940–1980) begann. Der Junge aus der englischen Arbeiterstadt Liverpool interessierte sich schon seit frühester Kindheit für Musik. Seine Mutter brachte ihm das Banjospielen bei und begeisterte ihn für den gerade aufkommenden Rock 'n' Roll. Seither stand für John fest, dass er ein Rock-'n'-Roll-Musiker wie **Elvis Presley** werden wollte.

1956 gründete der 16-jährige John seine erste Band, »The Quarrymen«. Mit Schulfreunden spielte er in wechselnder Besetzung auf kleineren Festen. Im Sommer 1957 stieß der 15-jährige Paul McCartney (geb. 1942) dazu, der einige Zeit später seinen Freund George Harrison (1943–2001) mitbrachte. Von nun an gehörten die drei zur Stammbesetzung der Band, die sich ab 1959 »Johnny and the Moondogs« nannte. Diesen Namen behielten sie jedoch nicht lange und wurden ein Jahr später zu »The Beatles«.

Noch waren sie eine Band, wie es zu jener Zeit viele gab, und noch deutete nichts darauf hin, dass sie eine besondere werden könnten. Da kam den Liverpooler Jungs ein Zufall zu Hilfe: Ein Hamburger Geschäftsmann suchte für seine Nachtlokale Musikgruppen und fragte seinen englischen Partner, ob er ihm einige empfehlen könne. So kamen »The Beatles« nach Hamburg-St. Pauli, wo sie am 17. August 1960 im »Indra-Club« ihren ersten Auftritt hatten. Damals waren noch Stuart Sutcliffe (1940–1962) und der Schlagzeuger Pete Best (geb. 1941) dabei. Die Band musste täglich bis zu neun Stunden auf der kleinen Bühne stehen. Dabei lernten die jungen Männer, dass es nicht genügte, einfach Musik zu machen; um das Publikum zu begeistern, musste man ihm eine richtige Show bieten, bei der manchmal die Fetzen und auch Gegenstände flogen. Und bald flogen auch die langen Haare, denn in dieser Zeit entstand der für die Beatles typische Haarschnitt, die »Pilzkopf«-Frisur.

Weil der »Indra-Club« wegen Ruhestörung geschlossen wurde, traten »The Beatles« bis 1962 in anderen Hamburger Clubs auf, zuletzt in dem bekannten »Star-Club«. Zwischendurch waren sie immer wieder zu Hause in Liverpool, wo sie auch Konzerte gaben.

Im April 1962 war Stuart Sutcliffe gestorben und Ringo Starr hatte Pete Best am Schlagzeug abgelöst. Und was noch wichtiger war: Der Liverpooler Geschäftsmann Brian Epstein (1934–1967) kümmerte sich als Manager um John, Paul, George und Ringo. Als Erstes verpasste er ihnen ein neues Outfit: Die prägnanten »Pilzköpfe« blieben als Markenzeichen erhalten, allerdings ordentlich geschnitten und gepflegt. Aber statt in Lederklamotten traten sie nun in Anzug und Krawatte auf. Und sie benahmen sich auf der Bühne nicht mehr wild, sondern anständig. Damit unterschieden sich »The Beatles« von allen anderen Bands, nun brauchten sie »nur« noch die richtigen Songs. Dafür waren vor allem John und Paul zuständig. Sie texteten und komponierten die meisten Beatles-Songs. Ihre neue Musik mit dem besonderen Sound, dem sogenannten »Beat«, war eine Mischung aus Rock 'n' Roll, Country und Blues.

Die erste Single der »neuen« Beatles erschien am 5. Oktober 1962. Sie hieß »Love me do« und erreichte Platz 17 der englischen Charts. Die zweite Single »Please, please me« folgte im Januar 1963 und stieg auf Platz zwei. Schon drei Monate später hatten sie mit »From Me to You« ihren ersten Nummer-1-Hit, dem noch viele folgten.

Im Herbst 1963 starteten John, Paul, George und Ringo eine Tournee durch Großbritannien. Überall wurden sie von begeisterten Fans empfangen. Ein regelrechtes Beatles-Fieber brach aus, das bald auf Europa und die ganze Welt überschwappte. Im März 1964 schafften die Beatles etwas, was bis heute unerreicht ist: Sie standen auf Platz 1 bis 5 der US-Charts. In Australien belegten sie sogar die ersten 6 Plätze.

Die Begeisterung der Fans nahm hysterische Ausmaße an, sodass bald von einer »Beatlemania« gesprochen wurde. Die vier Pilzköpfe konnten nur noch unter Polizeischutz auftreten. Das Johlen, Kreischen und Schreien der vorwiegend weiblichen Fans wurde zeitweise so laut, dass von der Musik nichts mehr zu hören war. Deswegen entschlossen sich die Beatles schon nach vier Jahren, keine öffentlichen Konzerte mehr zu geben.

Obwohl sich die Band bereits 1970 auflöste, hat sie in der kurzen Zeit ihres Bestehens Musikgeschichte geschrieben und das Lebensgefühl der jungen Generation ausgedrückt und beeinflusst.

Bis heute wurden von »The Beatles« etwa 1,3 Milliarden Tonträger verkauft, viel mehr als von jeder anderen Band der Welt.

Joanne K. Rowling

(geb. 1965)

Es war einmal ein Mädchen, das dachte sich oft Geschichten aus und wollte später Schriftstellerin werden. Das ist nicht ungewöhnlich, solche Mädchen gibt es viele. Als das Mädchen eine Frau geworden war, dachte sie sich immer noch Geschichten aus, schrieb eine auf und suchte einen Verlag, der aus ihrer Geschichte ein Buch machen sollte. Aber kein Verlag wollte die Geschichte drucken. Auch das ist nicht ungewöhnlich, das erleben viele Menschen, die schreiben. Doch dann hatte die junge Frau Glück: Ihr Manuskript landete auf dem Schreibtisch eines Lektors des Bloomsbury Verlags in London. Der las die Geschichte, fand sie nicht schlecht, aber viel zu lang für ein Kinderbuch. Zum Testen gab er sie seiner achtjährigen Tochter zu lesen und die war begeistert.

Trotz einiger Bedenken wagte der Verlag 1997 schließlich die Veröffentlichung des Buches unter dem Titel »Harry Potter und der Stein der Weisen«; allerdings druckte er erst einmal nur 500 Exemplare.

Dann geschah etwas ganz und gar Ungewöhnliches: Kaum war das Buch erschienen, ersteigerte ein amerikanischer Verlag für 105.000 Dollar die Rechte für die USA. Noch nie war so viel Geld für das Erstlingswerk einer unbekannten Autorin gezahlt worden. Damit wurde Joanne K. Rowling über Nacht in der Branche bekannt und die märchenhafte Erfolgsgeschichte begann – zuerst allerdings noch langsam. Der erste Harry-Potter-Band verkaufte sich gut, aber nicht besser als andere Fantasy-Bücher. Schon ein Jahr nach dem ersten Band folgte »Harry Potter und die Kammer des Schreckens«. Auch er wurde noch kein »Renner« – doch die Harry-Potter-Fans nahmen stetig zu, vor allem durch Mund-zu-Mund-Werbung der Leserinnen und Leser. Der Durchbruch gelang 1999 mit dem dritten Band, der die Bestsellerlisten stürmte und in den USA das erfolgreichste Buch des Jahres wurde. Durch diesen Erfolg ermutigt, druckten die Verlage vom vierten Band »Harry Potter und der Feuerkelch« zum Start Rekordauflagen, in England zum Beispiel eine Million, in den USA 3,8 Millionen Exemplare. So etwas hatte es bis dahin noch nicht gegeben. Ein regelrechtes Harry-Potter-Fieber brach aus, nicht nur bei Kindern, auch viele Erwachsene wurden infiziert. Sie alle warteten sehnsüchtig auf die nächsten Bände, die den Buchhändlern förmlich aus den Händen gerissen wurden.

Von den sieben Harry-Potter-Bänden wurden weltweit etwa 450 Millionen Exemplare verkauft. Damit ist Joanne K. Rowling die erfolgreichste Schriftstellerin aller Zeiten. Mit ihren Büchern, mit den Verfilmungen, mit Videospielen und anderen Vermarktungen ihrer Figuren verdiente sie etwa eine Milliarde Euro und gilt heute als eine der reichsten Frauen der Welt.

Wie immer bei so märchenhaften Erfolgen gibt es viele Geschichten über die Anfänge. Eine häufig erzählte lautet: Die 25-jährige Rowling hatte während einer langen Zugfahrt von Manchester nach London die Idee zu Harry Potter. Noch am selben Abend skizzierte sie die Hauptpersonen, machte einen ersten Plan von der Handlung – und wusste schon, dass es sieben Bücher würden. Von da an schrieb sie an der Geschichte, auch als sie 1991 nach Portugal ging, wo sie heiratete und eine Tochter bekam. Die Ehe hielt jedoch nicht lange, und Ende 1993 kehrte Rowling mit ihrer kleinen Jessica nach England zurück, wo sie in Edinburgh als alleinerziehende Mutter keine geeignete Arbeitsstelle fand und von Sozialhilfe lebte. Weil es kalt war und sie kein Geld zum Heizen ihrer Wohnung hatte, schrieb sie in Kaffeehäusern den ersten Harry-Potter-Band. Später tippte sie die handgeschriebenen Seiten mit der Schreibmaschine ab und schickte das Manuskript an mehrere Verlage …

Ob es sich genau so abgespielt hat, weiß nur Joanne K. Rowling. Doch ob so oder ein bisschen anders, das ist gar nicht so wichtig; wichtig ist, dass sie mit ihrer Geschichte über den modernen Zauberlehrling etwas geschafft hat, was viele Leute vor ihr vergeblich versucht hatten: Unzählige Kinder, auch solche, die sich zuvor nicht so viel aus Büchern machten, wurden durch sie zu Lesern. Joanne K. Rowling ist also nicht nur die erfolgreichste Schriftstellerin, sie ist auch die erfolgreichste Leseförderin aller Zeiten.

Mark Zuckerberg

(geb. 1984)

»Jedermann wird zugestehen, dass der Mensch ein soziales Wesen ist. Wir sehen es in seiner Abneigung gegen Einsamkeit sowie seinem Wunsch nach Gesellschaft über den Rahmen seiner Familie hinaus.« Das schrieb der Naturforscher Charles Darwin vor 150 Jahren. Weil das so ist, entstehen zwischen Menschen Freundschaften, gibt es Spielgruppen und Vereine. Menschen mit ähnlichen Interessen verbringen einen Teil ihrer Freizeit miteinander. Die meisten Mitglieder haben in Deutschland Sportvereine: Der Deutsche Turner-Bund hat etwa fünf Millionen, der Deutsche Fußball-Bund knapp sieben Millionen Mitglieder. Doch damit liegen sie weit hinter einer neuen Gruppierung, die in den letzten zehn Jahren entstanden ist: Facebook. In Deutschland hat dieses »soziale Netzwerk« zurzeit etwa 26 Millionen Mitglieder, weltweit inzwischen über eine Milliarde.

Keine Erfindung hat sich jemals so rasant über die ganze Welt verbreitet. Den wesentlichen Anteil daran hat der junge Amerikaner Mark Zuckerberg. Über ihn wird erzählt, er habe schon als Junge mehr Zeit mit Computern als mit anderen Kindern verbracht. Deswegen habe er keine Freunde gehabt. Nach der Schulzeit habe er auch an der Universität keinen Anschluss gefunden und deshalb versucht, auf andere Weise Freunde zu finden, nämlich über den Computer. So sei er auf die Idee gekommen, ein »soziales Netzwerk« zu schaffen.

Das klingt zu schön traurig, um wahr zu sein. Fangen wir also vorne an:

Mark wuchs mit drei Schwestern in dem beschaulichen Städtchen Dobbs Ferry im Bundesstaat New York auf. Sein Vater ist Zahnarzt, seine Mutter Psychologin. Sie arbeitete einige Zeit nicht in ihrem Beruf, weil sie sich um die Erziehung der Kinder kümmern wollte. Familie Zuckerberg gehörte zur besseren Gesellschaft in Dobbs Ferry, den Kindern fehlte es an nichts.

Im Alter von zehn Jahren bekam Mark seinen ersten Computer. Anfangs benutzte er ihn hauptsächlich für Spiele. Doch nur vorgegebene Spiele zu spielen genügte ihm bald nicht mehr. Er besorgte sich Bücher und brachte sich selbst die Anfänge des Programmierens bei. Als seine Eltern bemerkten, dass Mark auf diesem Gebiet ungewöhnliche Fähigkeiten besaß, engagierten sie einen Spezialisten, der ihn unterrichtete. Und Mark machte riesige Fortschritte. Er war gerade mal zwölf Jahre alt, da entwickelte er ein Programm, mit dessen Hilfe die Computer in der Zahnarztpraxis seines Vaters und die zu Hause miteinander kommunizieren konnten.

Zu Beginn der 11. Klasse wechselte Mark an eine private Eliteschule, die »Philipps Exeter Academy« in der Nähe von Boston. Dort war er einer der Besten und gewann viele Preise, nicht nur in naturwissenschaftlichen Fächern, sondern auch in den alten Sprachen. Der hochbegabte Mark war allerdings auch ein guter Sportler; er gewann zum Beispiel einige Turniere als Fechter und wurde zum Kapitän der Fechtmannschaft gewählt. Wäre er so unbeliebt gewesen, wie es bis heute oft dargestellt wird, hätten ihn seine Mitspieler wohl kaum gewählt.

Nach der Highschool wechselte Mark an die berühmte Harvarduniversität, wo er Informatik und Psychologie studierte. Auch dort war er kein Einzelgänger, sondern gehörte der studentischen Gruppe »Alpha Epsilon Pi« an. Und er wurde wieder Kapitän der Fechtmannschaft.

Nebenbei entwickelte er gemeinsam mit drei anderen Studenten Programme zum Informationsaustausch von Lerngruppen und zur Bewertung des Aussehens von Studenten. Aus diesen Vorläufern wurde schließlich im Frühjahr 2004 Facebook. Zuerst war dieses soziale Netzwerk nur für die Studenten der Harvarduniversität gedacht, doch bald nutzten es auch die Studenten anderer Universitäten.

Mark Zuckerberg erkannte das große Potenzial von Facebook und gab 2006 sein Studium auf, um sich ganz dem Auf- und Ausbau der Firma widmen zu können. Obwohl er sie nicht allein gegründet hatte, wurde er zum »Kopf« von Facebook und schon 2009 zum jüngsten »Selfmade-Milliardär« der Welt. Ein Jahr später wurde sein noch junges Leben und die ungewöhnliche Erfolgsgeschichte von Facebook unter dem Titel »The Social Network« verfilmt.

Malala Yousafzai

(geb. 1997)

Im Nordwesten Pakistans liegt das malerische Swat-Tal mit der Stadt Mingora als Zentrum. Dort wurde am 12. Juli 1997 Malala Yousafzai geboren, die heute »das mutigste Mädchen der Welt« genannt wird. Wie kam es dazu?

Bis zu ihrem zehnten Lebensjahr hatte Malala – für pakistanische Verhältnisse – eine gute Kindheit. Ihr Vater war Lehrer an einer Mädchenschule, die auch Malala besuchte. Dann gewannen die *Taliban* immer mehr Einfluss im Swat-Tal. Diese Gruppe radikaler *Islamisten* verbreitete durch Terroranschläge gegen staatliche Einrichtungen und durch die Ermordung Andersdenkender Furcht und Schrecken unter den Menschen. Sie verlangten, dass Frauen in der Öffentlichkeit Burkas, also Ganzkörperschleier, tragen und keinen Beruf ausüben; den Mädchen verboten sie, zur Schule zu gehen. Außerdem durften sie keine Musik mehr hören, nicht tanzen und nur verschleiert das Haus verlassen.

Das wollte Malala nicht einfach so hinnehmen. Sie überlegte, was sie als kleines Mädchen dagegen tun konnte, und hatte eine Idee: Mit dem Einverständnis ihres Vaters begann sie im Alter von elf Jahren, im Internet ein öffentliches Tagebuch, einen »Blog«, zu schreiben. Weil das gefährlich war, benutzte sie dafür das Pseudonym »Gul Makai«. Die britische

Rundfunkanstalt BBC veröffentlichte den Blog auf einer ihrer Webseiten, sodass er schnell bekannt wurde. Malala berichtete über die Zustände in ihrer Heimat, kritisierte die Taliban und forderte, dass auch Mädchen eine Schule besuchen dürfen. Es dauerte nicht lange, bis jemand herausfand, wer die Bloggerin in Wirklichkeit war. Nun versteckte sich Malala nicht mehr, sondern traute sich in die Öffentlichkeit, gab Interviews und trat in Fernsehsendungen auf, um für die Rechte der Mädchen einzutreten.

Die Taliban versuchten dieses mutige Mädchen einzuschüchtern. Im Januar 2009 schrieb sie: »Auf dem Nachhauseweg hörte ich einen Mann sagen: Ich werde dich töten.«

Doch Malala ließ sich nicht einschüchtern; sie kämpfte weiter und erhielt dafür als 14-Jährige von der pakistanischen Regierung den nationalen Friedenspreis.

Malala und ihre Freundinnen gingen auch weiterhin zur Schule, obwohl die Taliban das verboten hatten. Da hielten am 9. Oktober 2012 einige Taliban den Schulbus an, einer sprang hinein und schoss Malala in den Kopf. Schwer verletzt wurde sie in ein Krankenhaus gebracht, wo eine Kugel entfernt wurde. Doch gerettet war Malala damit noch nicht; mehrere Tage rang sie mit dem Tod. Am 15. Oktober entschieden die Ärzte, dass sie zur weiteren Behandlung in eine englische Fachklinik transportiert werden sollte. Dort musste sie noch zwei Mal operiert werden.

Die Nachricht von dem Mordanschlag auf Malala hatte sich in Windeseile verbreitet und machte das pakistanische Mädchen weltweit berühmt. Mehr als zuvor berichteten die Medien über ihren Einsatz für die Rechte von Kindern, insbesondere von Mädchen. Und als sie nach vier Monaten das Krankenhaus verlassen konnte, war man überall gespannt, wie sie sich nun verhalten würde. Wer geglaubt hatte, sie würde sich aus Angst schweigend zurückziehen, sah sich getäuscht. In ihrer ersten öffentlichen Rede nach dem Attentat sagte sie am 12. Juli 2013, ihrem 16. Geburtstag, vor der UN-Jugendversammlung unter anderem:

»Ich spreche – nicht für mich, sondern um denjenigen, die keine Stimme haben, Gehör zu verschaffen … Die Terroristen dachten, sie würden meine Bestrebungen ändern und meinen Absichten ein Ende machen, doch in meinem Leben hat sich nichts geändert, nur dies: Schwäche, Angst und Hoffnungslosigkeit sind gestorben. Stärke, Macht und Mut wurden geboren. Ich bin dieselbe Malala … Ich bin auch nicht hier, um aus persönlicher Rache die Stimme gegen die Taliban oder gegen irgendeine andere Terrorgruppe zu erheben. Ich bin hier, um für jedes Kind das Recht auf Bildung einzufordern.«

Im Jahr 2013 erhielt »das mutigste Mädchen der Welt« zahlreiche internationale Preise. Und im Oktober 2014 kam noch eine der weltweit höchsten Auszeichnungen hinzu: der Friedensnobelpreis. Mit 17 Jahren ist Malala Yousafzai der jüngste Mensch, der jemals einen Nobelpreis erhielt.

Zurzeit lebt Malala Yousafzai in England. Ob und wann sie wieder in ihre Heimat zurückkehren kann, ist ungewiss.

Felix Finkbeiner

(geb. 1997)

Der Winter 2006/07 war der wärmste in Deutschland, seit es regelmäßige Wetteraufzeichnungen gibt. »Ein Winter wie am Mittelmeer«, schrieb der »Spiegel« damals.

In diesem warmen Winter stellte eine Lehrerin der »Munich International School« in Starnberg ihrer vierten Klasse die Aufgabe, Informationen über den Klimawandel und seine Folgen zu sammeln. Einer ihrer Schüler war der neunjährige Felix Finkbeiner. In der Bücherei und im Internet machte er sich auf die Suche nach Informationen. Dabei stieß er unter anderem auf die Friedensnobelpreisträgerin Wangari Maathai (1940–2011), die in Kenia eine Initiative gestartet hatte, deren Ziel es war, die Entwaldung zu stoppen und neue Bäume zu pflanzen. Auf der UN-Klimakonferenz 2006 in Nairobi hatte sie die Menschen weltweit aufgefordert, eine Milliarde Bäume zu pflanzen und für ihre Pflege zu sorgen.

Bei der Ausarbeitung seines Referats für die Schule wurde Felix immer klarer, wie wichtig Bäume für das Klima sind. Angeregt und angespornt durch den Aufruf von Wangari Maathai wuchs in ihm der Gedanke, er und die anderen Schüler sollten auch Bäume pflanzen, möglichst in jedem Dorf und in jeder Stadt.

Felix erzählte seinen Eltern von dem, was ihn beschäftigte. Sie freuten sich, dass ihr Sohn sich solche Gedanken machte.

Sein Vater hatte ein paar Jahre zuvor seine Firma verkauft und setzte sich nun dafür ein, die Erde nicht weiter auszubeuten, sondern schonend mit der Natur und den Rohstoffen umzugehen. Deswegen bestärkte er Felix bei seinem Plan.

Mitte Januar 2007 hielt Felix sein Referat, das mit dem Aufruf abschloss: »Wir Kinder sollten in jedem Land der Erde eine Million Bäume pflanzen.«

Die Reaktionen seiner Mitschüler sind nicht bekannt; die Lehrerin war wohl sehr beeindruckt von der Ernsthaftigkeit, mit der Felix sein Referat ausgearbeitet und gehalten hatte. Zwei Monate später, am 28. März, pflanzten Felix und einige Mitschüler im Garten der Schule einen Baum. Die Lehrerin hatte zuvor die Presse informiert und Felix gab seine ersten Interviews. Die Berichte in der Zeitung und im Radio führten dazu, dass schon wenige Tage später auch an anderen Schulen in der Gegend Bäume gepflanzt wurden.

Damit war der erste Schritt gemacht, dem bald der zweite folgte: Felix gründete die Schülerinitiative »Plant-for-the-Planet«. Das tat er natürlich nicht allein, weil ein neunjähriger Junge das gar nicht allein tun kann. Sein Vater unterstützte ihn dabei kräftig. Doch beide ahnten vermutlich nicht, welchen Erfolg die Initiative haben und wie sie Felix' Leben verändern würde.

Innerhalb eines Jahres haben deutsche Kinder 150.000 Bäume gepflanzt. Felix wurde zu einem gefragten Redner, der zuerst in Deutschland, dann auch in anderen Ländern Vorträge hielt. Im Juni 2008 wurde er in den Kindervorstand des Umweltprogramms der UN gewählt und war damit eine wichtige Stimme für die Kinder der ganzen Welt.

Felix erhob seine Stimme schon vor dem Europäischen Parlament und bei Konferenzen und Vorträgen in Amerika, Afrika und China. Ein Höhepunkt war für ihn, als er am 2. Februar 2011 vor der UN-Vollversammlung zur Eröffnung des Internationalen Jahres der Wälder reden durfte. Wie immer war er gut vorbereitet und beeindruckte die Delegierten aus aller Welt mit seiner gekonnt vorgetragenen Rede.

Weil Felix als Schüler nicht ständig herumreisen und Vorträge halten konnte, hat »Plant-for-the-Planet« schon 2008 sogenannte Akademien eingeführt. Dort wurden seither etwa 25.000 Kinder zu »Botschaftern für Klimagerechtigkeit« ausgebildet. Sie hielten Vorträge in ihren Heimatländern, und sie sorgten dafür, dass Bäume gepflanzt wurden.

Die Initiative, die Felix Finkbeiner gestartet hat, ist längst zu einem weltweiten Projekt geworden. In fast 100 Ländern arbeiten Kinder daran mit. Sie haben bisher über 13 Milliarden Bäume gepflanzt – und es sollen noch viel, viel mehr werden.

Worterklärungen

Bundesrepublik Deutschland (»BRD«), West-Deutschland
Nach dem Ende des Zweiten Weltkriegs und des *Dritten Reichs* wurde Deutschland 1945 von den Siegermächten in vier Zonen geteilt. Aus den drei westlichen Zonen, der französischen, der englischen und der US-amerikanischen, wurde 1949 die demokratische Bundesrepublik Deutschland gegründet.

Deutsche Demokratische Republik (»DDR«), Ost-Deutschland
Aus der sowjetisch besetzten Zone im Osten wurde 1949 die Deutsche Demokratische Republik gegründet. Sie gab sich eine *sozialistische* Verfassung und entwickelte sich zu einer *Diktatur.* Die Bürger der DDR durften nur ins östliche Ausland reisen. Um sie von einer Flucht in »den Westen« abzuhalten, wurde die Staatsgrenze im Westen mit einem »Todesstreifen« und quer durch Berlin mit einer *Mauer* gesichert.

Diktatur

In einer Diktatur hat eine Partei oder eine Gruppe die Alleinherrschaft. Die Opposition, also Menschen, die eine andere Meinung haben und andere politische Ideen verwirklicht sehen möchten, werden in einer Diktatur nicht geduldet: Sie werden verfolgt und mit allen Mitteln zum Schweigen gebracht.

Drittes Reich

So bezeichneten die *Nazis* nach ihrer Machtübernahme am 30. Januar 1933 den deutschen Staat. Damit wollten sie ausdrücken, dass sie sich in der direkten Nachfolge des »Heiligen Römischen Reiches Deutscher Nation« (ca. 800–1806) und des »Deutschen Kaiserreichs« (1871–1918) sahen.

Heute steht der Begriff für die Schreckensherrschaft Adolf Hitlers von 1933 bis 1945.

Exil
Als Exil wird ein unfreiwilliger Aufenthalt im Ausland bezeichnet, weil man im eigenen Land nicht geduldet wird. Im *Dritten Reich* war es für viele Verfolgte die einzige Möglichkeit, den Verbrechen der *Nazis* zu entkommen.

Frauenbewegung
Bis Mitte des 19. Jahrhunderts durften Frauen an gesellschaftlichen und politischen Diskussionen nicht teilnehmen. Es galt als »unschicklich« – und hatte zur Folge, dass alle wichtigen Entscheidungen in sämtlichen Lebensbereichen von Männern getroffen wurden. Dies zu ändern, hatten sich die »Frauenrechtlerinnen« zum Ziel gemacht. Sie forderten gleiche Bildungschancen für Mädchen, das Wahlrecht für Frauen und ein Umdenken in der Gesellschaft. Nachdem die Frauen während des Ersten Weltkriegs (1914–1918) gezeigt hatten, dass sie alles andere als das »schwache Geschlecht« waren, wurde in Deutschland 1918 das Frauenwahlrecht eingeführt. Bis in die 1970er-Jahre kämpfte die Frauenbewegung für mehr Rechte, zum Beispiel ein eigenes Geldkonto eröffnen zu dürfen.

Gleichschaltung
Das ist ein von den *Nazis* geprägter Begriff, der den Prozess der gesellschaftlichen Vereinheitlichung beschrieb. Die Nazis lösten die Länder auf, verboten die anderen Parteien und bestimmten in allen Lebensbereichen, was getan werden durfte und was nicht. Medien wie Zeitungen und Rundfunk wurden überwacht und berichteten ausschließlich von den Nazis genehmigte Informationen. Lehrerinnen und Lehrer durften in der Schule nur unterrichten, was die Nazi-Regierung gestattete. Die Freizeit der Kinder war in der *Hitlerjugend* organisiert.

Die Gleichschaltung hatte zum Ziel, den Pluralismus (= Vielfältigkeit) in Deutschland abzuschaffen und die Alleinherrschaft der Nazis zu sichern.

Hitlerjugend
So hieß die Jugendorganisation im *Dritten Reich*. Zunächst war die »HJ« nur für Jungen, ab 1930 wurden auch die Mädchen im »Bund Deutscher Mädel« organisiert (BDM). Zweimal in der Woche mussten Kinder und Jugendliche zwischen zehn und 18 Jahren ihren »Jugendpflichtdienst« ableisten. In der HJ sollten die Jungen auf den Kriegsdienst als Soldaten vorbereitet werden. Die Mädchen sollten zu »starken und tapferen Frauen« erzogen werden, die »im Dienst an Volk und Familie« die Soldaten unterstützen. Zentral für beide Organisationen war die bedingungslose Begeisterung für den »Führer« Adolf Hitler. In der Hitlerjugend waren 98 Prozent aller Kinder und Jugendlichen organisiert.

Islamisten, islamistisch
Das sind Menschen, die den Islam, die friedliche Religionslehre des Propheten Mohammed, sehr eigenwillig auslegen: gewaltbereit und jeglicher Lebensfreude abgewandt. Sie fordern, dass die gesamte Staatsordnung und sämtliche Lebensbereiche der Bürger an ihrer Interpretation des Islams ausgerichtet werden, und scheuen dabei nicht vor Gewaltanwendung und drastischen Bestrafungen zurück.

Kathodenstrahlröhre
Eine Kathodenstrahlröhre ist eine spezielle Röhre, die einen gebündelten Strahl aus Elektronen (= negativ geladene Elementarteilchen) erzeugen kann. Dieser Strahl wird in der Röhre beschleunigt und durch elektrische oder magnetische Felder abgelenkt. So treffen die Elektroden auf unterschiedliche Punkte eines meist mit Mineralien beschichteten Leuchtschirms am Ende der Röhre auf. Durch den Elektronenbeschuss wird sichtbares Licht ausgesendet und ein Bild entsteht. Dieses Prinzip wurde zum Beispiel früher bei Fernsehern mit einer Bildröhre verwendet.

Kernspaltung/Kernfusion

Ein Atom besteht aus einer Atomhülle und einem winzigen Atomkern, der wiederum aus Protonen (= positiv geladenen Elementarteilchen) und Neutronen (= Elementarteilchen ohne elektrische Ladung) besteht. Spaltet man den Atomkern, wird Energie freigesetzt. Diese Reaktion nutzt der Mensch zum Beispiel technisch aus, um in Kernkraftwerken Strom zu erzeugen. Bei der Kernfusion geschieht das Gegenteil von der Kernspaltung: Zwei Atomkerne verschmelzen zu einem neuen Atom.

Konzentrationslager

Dieser von den *Nazis* geprägte Begriff ist eine Verharmlosung für die von ihnen errichteten Arbeits- und Vernichtungslager. In den Arbeitslagern wurden die Gefangenen gezwungen, unter menschenunwürdigen, sklavenähnlichen Bedingungen zu arbeiten, oft bis zur völligen Erschöpfung und dem Tod. Die Vernichtungslager dienten der organisierten Ermordung unzähliger Menschen in Gaskammern. Oftmals lagen Arbeits- und Vernichtungslager dicht zusammen, so etwa im bekanntesten Lager Auschwitz-Birkenau (heute: Oświęcim, Polen), wo über eine Million Menschen umgebracht wurden.

Matura
Die Abschlussprüfung am Gymnasium in Österreich, gleichbedeutend mit dem Abitur in Deutschland.

Mauer
»Die Mauer« trennte den ostdeutschen Teil Berlins vom westdeutschen. Die Regierung der *DDR* ließ diesen Grenzwall vom 13. August 1961 an aufbauen, um ihre Bürger an der Flucht in den Westen zu hindern. Bis in die 1980er-Jahre wurde die »Mauer« zu einer breiten Befestigungsanlage mit Schießanlagen, Wachttürmen, Gräben und Zäunen ausgebaut, die etwa 160 Kilometer lang war und ganz Westberlin umschloss. Nach monatelangen Protesten der Bevölkerung, die Reise- und Pressefreiheit forderte, gab die Regierung dem Druck nach und öffnete am 9. November 1989 einige Grenzübergänge. Der darauffolgende Massenansturm führte in der Nacht vom 9. auf den 10. November 1989 zum »Mauerfall«.

Missionar
Ein Missionar ist ein Priester oder Pfarrer, der in ursprünglich nicht christlichen Gebieten, zum Beispiel in Afrika oder Südamerika, eine Gemeinde führt. Seine Aufgabe ist es, die Bevölkerung vom Glauben an Gott und Jesus Christus zu überzeugen und die neuen Anhänger zu taufen.

Nationalsozialisten, kurz: Nazis
Nationalsozialisten wurden die Mitglieder und Anhänger der Nationalsozialistischen Deutschen Arbeiterpartei (NSDAP) genannt. Parteivorsitzender war seit 1921 Adolf Hitler, von seinen Anhängern »der Führer« genannt. Von Anfang an fielen die Nazis in Deutschland durch ihre straffe Organisation und ihr aggressives, menschenverachtendes Verhalten auf. Am 30. Januar 1933 kam die Partei an die Macht. Hitler baute sie in Form einer *Diktatur* schnell in ganz Deutschland aus. 1939 provozierte das Nazi-Regime den Zweiten Weltkrieg. Nach dem Ende des Krieges 1945 wurde die NSDAP als verbrecherische Organisation eingestuft und verboten.

Pawlatsche
Ein ins Deutsche übernommenes tschechisches Wort. Es bezeichnet einen balkonartigen Vorbau, der als Zugang zu den Mietwohnungen im Hinterhof diente. In Prag, wo **Franz Kafka** lebte, wurde auch der Balkon Pawlatsche genannt.

Radioaktivität
Mit diesem Begriff wird die Eigenschaft instabiler Atomkerne beschrieben, von selbst zu zerfallen und sich spontan in ein neues Atom umzuwandeln. Bei dieser *Kernspaltung* wird energiegeladene Strahlung freigesetzt, die ab einer bestimmten Dosis für Menschen und Tiere sehr gefährlich sein kann.

Republik
von lat. res publica = öffentliche Sache, die alle Bürger eines Staates betrifft. Im politischen Sinne ist eine Republik das Gegenmodell zur Monarchie. Nicht ein König oder eine Königin, sondern ein gewählter Präsident oder eine Präsidentin steht an der Spitze des Staats. Im engeren Sinne ist damit gemeint, dass das Volk seine Regierung selbst wählt. Allerdings nennen sich manche Staaten eine Republik, die keineswegs demokratisch sind.

Sozialismus, sozialistisch
von lat. socialis = kameradschaftlich. Sozialismus ist eine politische Weltanschauung, die sich Mitte des 19. Jahrhunderts mit der stärker werdenden Industrialisierung herausbildete. Sie stand für ein gemeinschaftliches, gerechtes Miteinander und Solidarität mit den Schwachen der Gesellschaft.

Heute nennen sich viele politische Bewegungen »sozialistisch«, auch wenn ihre Politik alles andere als sozial ist.

Taliban
Die Taliban sind eine *islamistische* Gruppierung, die Anfang der 1990er-Jahre in Afghanistan zum ersten Mal in Erscheinung trat. Zwei Jahre lang bombardierten sie die Hauptstadt Kabul, bevor sie sie 1996 einnahmen. Sie gründeten ihren eigenen Gottesstaat und zwangen der Bevölkerung ihre Gesetze auf. Beispielsweise mussten Frauen unter einer Art Hausarrest leben, Männern war es bei Strafe verboten, sich zu rasieren. 2001 wurde die Gewaltherrschaft durch afghanische, US-amerikanische und britische Truppen beendet und die Islamische *Republik* Afghanistan ausgerufen. Seither bekriegen die Taliban das Land mit terroristischen Anschlägen.

Untergrund
Wer in den Untergrund »abtaucht«, lebt versteckt und versucht, sich damit der Staatsgewalt zu entziehen. In *Diktaturen* ist das für viele Verfolgte die einzige Möglichkeit zu überleben.

Vietnamkrieg
1954 wurde Vietnam in zwei Staaten, Nord-Vietnam und Süd-Vietnam, geteilt. Nord-Vietnam hatte eine kommunistische Regierung, Süd-Vietnam eine antikommunistische. Allerdings gab es mit dem »Vietcong« auch in Süd-Vietnam eine kommunistische Bewegung, die ihre Regierung stürzen wollte. Ein Bürgerkrieg brach aus. Während der Vietcong aus Nord-Vietnam Unterstützung bekam, sandten die USA Truppen zur Verstärkung des südvietnamesischen Militärs. Daraufhin schickten die kommunistisch regierten Staaten China und Sowjetunion Soldaten zur Unterstützung Nord-Vietnams. Der Krieg weitete sich immer mehr aus und wurde fast 20 Jahre mit aller Härte geführt.

Unzählige Menschen verloren ihr Leben bei den Bomben- und Gasangriffen. 1973 wurde der »Pariser Waffenstillstand« unterschrieben, der vor allem nordvietnamesische Interessen berücksichtigte. Während die US-amerikanischen Truppen aus dem Süden abzogen, eroberten die Soldaten Nord-Vietnams bis 1975 das ganze Land. Am 2. Juli 1976 wurden die beiden Staaten in der »*Sozialistischen Republik* Vietnam« wiedervereinigt.

Wiedervereinigung
Nach dem Fall der Berliner *Mauer* wurde ein politischer Prozess eingeleitet, die *BRD* und *DDR* wieder zu einem Staat zusammenzuführen. Am 3. Oktober 1990 wurde der Vertrag unterschrieben, mit dem die DDR offiziell der BRD beitrat, womit die »deutsche Einheit« wieder hergestellt und die sogenannte »Wiedervereinigung« besiegelt war.

Zar
Titel des russischen Herrschers. Wie »Kaiser« leitet er sich vom Namen des römischen Feldherren Julius Cäsar ab.

Zionismus, zionistisch
Eine politische Bewegung, die in der ersten Hälfte des 20. Jahrhunderts die Schaffung eines jüdischen Nationalstaats in Palästina forderte. Dort lebten – neben den Palästinensern – viele Juden schon seit langer Zeit. In dem neuen Staat sollten auch und gerade jene Juden eine neue Heimat finden, die in anderen Ländern unterdrückt und verfolgt wurden. Unter dem Eindruck der grausamen Judenverfolgung im *Dritten Reich* wurde 1947 der Staat Israel gegründet, gegen den die Palästinenser und einige arabische Staaten fortan kämpften. Die Zionistische Organisation arbeitete daran, den Staat zu stärken und die in der »Diaspora«, also »in der Fremde« lebenden Juden nach Israel zu holen. Bis heute tagt die von **Theodor Herzl** gegründete Zionistische Weltorganisation regelmäßig alle vier bis fünf Jahre in Jerusalem.

Manfred Mai, 1949 im schwäbischen Winterlingen geboren, zählt zu den bedeutendsten Kinder- und Jugendbuchautoren Deutschlands. Er hat Geschichte, Politikwissenschaft und Deutsch studiert und war Lehrer, bevor er sich 1984 ganz für das Schreiben entschied. Seither sind rund 150 Bücher erschienen. Er ist verheiratet und hat zwei erwachsene Töchter.

Dieter Wiesmüller, geboren 1950 in Rotenburg, studierte Grafik, Malerei und Illustration in Hamburg. Er hat neben zahlreichen Umschlägen für Bücher viele Jahre Titelbilder für den »Spiegel« und den »Stern« illustriert sowie eigene Bilderbücher geschrieben und gezeichnet. Von 1982 bis 1992 war er als Lehrbeauftragter an der Hamburger Fachhochschule tätig. Dieter Wiesmüller lebt als freischaffender Künstler in Hamburg.

Diese Menschen haben Weltgeschichte geschrieben!

€ 19,95 (D)/€ 20,60 (A) • ISBN 978-3-86429-200-2

Entdecker, Erfinder, Religionsführer, Philosophen, Künstler und Monarchen – sie alle haben die Welt verändert. Wie haben sie gelebt? Was trieb sie an? Was war das Geheimnis ihres Erfolgs? Ob Weltverbesserer, Heilige oder Fantasten – sie eint die Leidenschaft für ihre Berufung und der unbedingte Wille, ihre Vision zu verwirklichen. Manfred Mai stellt in einfühlsamen Porträts von Homer über Katharina die Große bis Carl Friedrich Benz 50 berühmte Persönlichkeiten vor.

»Manfred Mai stellt in kurzen, klugen Texten 50 Entdecker, Erfinder und Forscher vor, die man nicht vergisst.« GeoLino

Und auf diese bedeutenden Menschen könnt ihr euch im ersten Biografien-Band freuen:

Homer	(8. Jh. v. Chr.)
Buddha	(um 560–480 v. Chr.)
Konfuzius	(551–479 v. Chr.)
Platon	(um 427–347 v. Chr.)
Aristoteles	(384–322 v. Chr.)
Gaius Julius Cäsar	(100–44 v. Chr.)
Kleopatra	(69–30 v. Chr.)
Jesus von Nazareth	(um 6 v. Chr. – 30 n. Chr.)
Karl der Große	(vermutlich 748–814)
Marco Polo	(um 1254–1324)
Johannes Gutenberg	(um 1400–1468)
Jeanne d'Arc	(um 1412–1431)
Christoph Kolumbus	(1451–1506)
Leonardo da Vinci	(1452–1519)
Nikolaus Kopernikus	(1473–1543)
Michelangelo	(1475–1564)
Martin Luther	(1483–1546)
Heinrich VIII.	(1491–1547)
Galileo Galilei	(1564–1642)
William Shakespeare	(1564–1616)
René Descartes	(1596–1650)
Ludwig XIV.	(1638–1715)
Isaac Newton	(1643–1727)
Johann Sebastian Bach	(1685–1750)
Friedrich der Große	(1712–1786)

Jean-Jacques Rousseau	(1712–1778)
Immanuel Kant	(1724–1804)
Katharina die Große	(1729–1796)
George Washington	(1732–1799)
James Watt	(1736–1819)
Johann Wolfgang von Goethe	(1749–1832)
Wolfgang Amadeus Mozart	(1756–1791)
Friedrich Schiller	(1759–1805)
Napoleon Bonaparte	(1769–1821)
Ludwig van Beethoven	(1770–1827)
Jacob und Wilhelm Grimm	(1785–1863 u. 1786–1859)
Louis Daguerre	(1787–1851)
Justus von Liebig	(1803–1873)
Charles Darwin	(1809–1882)
Abraham Lincoln	(1809–1865)
Otto von Bismarck	(1815–1898)
Karl Marx	(1818–1883)
Florence Nightingale	(1820–1910)
Gregor Mendel	(1822–1884)
Henri Dunant	(1828–1910)
Hedwig Dohm	(1831–1919)
Johann Philipp Reis	(1834–1874)
Bertha von Suttner	(1843–1914)
Robert Koch	(1843–1910)
Carl Friedrich Benz	(1844–1929)

TULIPAN-Newsletter
Tolle Lesetipps kostenlos per E-Mail!
www.tulipan-verlag.de

1. Auflage 2015
Text: Manfred Mai
Bilder: Dieter Wiesmüller
Layout und Satz: www.lenaellermann.de
Umschlaggestaltung: www.anettebeckmann.de
Druckvorstufe: bildpunkt GmbH, Berlin
Druck: GGP Media GmbH, Pößneck
ISBN 978-3-86429-224-8